TESTING PROGRAM
MUNDO 21

Fabián A. Samaniego
University of California, Davis
Emeritus

Francisco X. Alarcón
University of California, Davis

Nelson Rojas
University of Nevada, Reno

HEATH

D. C. Heath and Company
Lexington, Massachusetts
Toronto

Address editorial correspondence to:

D. C. Heath and Company
125 Spring Street
Lexington, MA 02173

TESTING PROGRAM
PRUEBAS Y EXÁMENES

CONTENIDO

TESTING PROGRAM
PRUEBAS Y EXÁMENES

TO THE TEACHER

Components

The *Mundo 21* Testing Program includes 25 **Pruebas**, one for each lesson including the Preliminary Lesson; eight **Exámenes**, one for each of the eight units; a comprehensive exam at the end of units 1–4 and another at the end of units 5–8; an answer key for all the exams and the script for the *Testing Program Cassette*. The *Testing Program Cassette*, which contains the listening comprehension parts of the **Pruebas** and the **Exámenes**, comes shrinkwrapped with the *Testing Program*.

Organization of *Pruebas* and *Exámenes*

Each lesson quiz and unit exam consists of five parts:

> **I. Gente del Mundo 21**—listening comprehension and culture; **II. Historia y cultura**—a multiple-choice section that checks students' recall of cultural and historical information studied; **III. Estructura en contexto**—several grammar sections; **IV. Lectura**—reading comprehension; **V. Composición**—an open-ended writing section.

I. Gente del Mundo 21
In this section students listen to a radio program, a TV news report, a lecture or a conversation about one of the noteworthy persons they met in the **Gente del Mundo 21** section of the student text. The information they hear reviews what they have previously read about the person and introduces additional material. Comprehension is evaluated by having students answer multiple-choice questions based on what they hear.

II. Historia y cultura
This section checks students' recall of important cultural and historical facts studied in the **Del pasado al presente** and the **Ventana cultural** sections of the student text, by having them answer multiple-choice questions based on what they read.

III. Estructura en contexto
This section measures students' acquisition of important grammatical concepts through a variety of contextualized activities. Various formats, such as fill-in-the-blanks, question-answer items, sentence completions, and sentence transformations are used to evaluate the students' progress. The students' cultural and historical knowledge base is expanded through the contextualizations used in these grammar sections.

IV. Lectura

This section measures the students' reading comprehension as it further expands their knowledge of Hispanic culture. The readings used are very similar to the readings students do in the **Ventana cultural** sections of the student text. Reading comprehension is checked by having students answer true/false questions based on the content of the passage.

V. Composición

In this section students apply recently learned writing strategies as they demonstrate their proficiency in writing Spanish. Like the composition writing in the **Cuaderno de actividades**, the topics students are asked to write on allow them to use their creativity as they narrate, describe, compare and contrast, express and defend opinions about some cultural or historical topic dealt with in the unit.

Comprehensive Exams

There are two comprehensive exams: one covers the Preliminary Lesson and units 1–4, the other units 5-8. These exams vary slightly in format from the **Pruebas** and **Exámenes**. They take into account the limited time available to instructors for correcting midterm and final exams. Both comprehensive exams have four parts plus a fifth part which is optional:

I. **Comprensión oral**—a listening comprehension section

II. **Gente del Mundo 21**—a review of selected stellar personalities from each country studied

III. **Historia y cultura**—a check of the students' recall of important cultural and historical facts

IV. **Estructura**—a check of grammatical accuracy

V. **Composición**—a check of writing proficiency

With the exception of the **Composición**, all items on these exams are multiple choice or true-false. The composition itself is optional, but if assigned, it is recommended that it be done in class several days before the actual exam to allow the time needed for grading.

Grading and Evaluation

The lesson **Pruebas** are each worth 50 points and the unit **Exámenes** are worth 100 points each. Both **Pruebas** and **Exámenes** have been weighted, allowing approximately 40% for cultural and historical recall (**Gente del Mundo 21**, **Historia y cultura**, and **Lectura**), 30% for grammatical accuracy (**Estructura en contexto**), and 30% for writing communicatively (**Composición**). The two comprehensive exams are weighted in much the same manner. Instructors should note that the comprehensive exams will be graded on the basis of a different number of points depending on whether they require the composition of their students or not.

Correcting *Pruebas* and *Exámenes*

Three of the five parts of all quizzes and exams (**Gente del Mundo 21**, **Historia y cultura**, and **Lectura**) have been designed so that responses are easily identified as right or wrong. In the **Estructura en contexto** sections instructors may want to allow for partial credit in those exercises or items where responses are appropriate but contain some errors.

The **Composición** section may be evaluated holistically, according to the student's ability to perform the task comprehensibly. A suggested rubric for assigning points when grading holistically follows. This example is based on a quiz item worth 15 points. Adjustments would have to be made where the points vary slightly. On unit exams, this scale would have to be doubled and adjusted, if necessary. Two other suggestions for grading extended writing tasks appear in the Teaching Suggestions on page T27 of the **Teacher's Edition** of *Mundo 21.*

14-15 points	Superior response. All aspects of task exceed expectations. Much detail/information included. Response completely understandable. Extremely high degree of accuracy.
12-13 points	Good response. All or most aspects of task meet or exceed expectations. Considerable detail/information included. Response completely understandable. Few serious errors.
9-11 points	Acceptable response. Requirements of task adequately met. Sufficient or barely sufficient detail/information provided. Some errors, but in general comprehensible.
6-8 points	Inadequate response. Some or several aspects of task not accounted for. Numerous errors. Only some parts of response are comprehensible.
0-5 points	Unacceptable response. Very little or none of task accomplished. Numerous errors of a serious nature. Totally inaccurate. Totally incomprehensible. Reliance on English. No attempt made.

Grading: How instructors record and average grades is highly individual, but instructors may wish to consider the following suggestions for assigning letter grades to quiz/exam performance:

Quiz point score	Exam point score	Percentage	Letter grade
50	98–100	98–100	A+
47–49	94–97	94–97	A
46	91–93	91–93	A–
45	88–90	88–90	B+
42–44	84–87	84–87	B
41	81–83	81–83	B–
39–40	76–80	76–80	C+
35–38	71–75	71–75	C
33–34	66–70	66–70	C–
31–32	61–65	61–65	D+
27–30	56–60	56–60	D
25–26	51–55	51–55	D–
0–24	0–50	0–50	F

On a 100 point exam, this curve allows a ten point spread for both the **A** and **B** range and a fifteen point spread for the **C** and **D** range. On a 50 point quiz, this curve allows a five point spread for both the **A** and **B** range and an eight point spread for the **C** and **D** range.

¡Buena suerte!

Fabián A. Samaniego
Francisco X. Alarcón
Nelson Rojas

Lección preliminar

I. Gente del Mundo 21

Una estrella cubanoamericana. Escucha lo que dicen dos amigas cubanoamericanas de Miami sobre una de las cantantes latinas más populares de EE.UU. Luego, escoge la respuesta que complete mejor cada oración.

Graciela: Chica, es interesante que esta canción "Mi tierra" de Gloria Estefan les guste mucho a mis padres también, no sólo a mí. Hasta mi abuela se pone a bailar cuando la escucha.

Yolanda: Lo mismo pasa con mi familia. Es que es como un homenaje musical a Cuba. A mí me gusta mucho este álbum y lo pongo todo el tiempo. ¿Sabes? Mi madre ya se sabe la letra de las canciones.

Graciela: Sin duda Gloria Estefan se ha convertido en una gran estrella de la música popular en EE.UU. y Latinoamérica. ¡Y qué bonito canta tanto en inglés como en español!

Yolanda: Yo todavía tengo sus discos de cuando se inició en el grupo *Miami Sound Machine.* Tú sabes que cuando ella llegó a Miami de Cuba sólo tenía dieciséis meses.

Graciela: Sí, ha vivido en Miami casi toda su vida.

Yolanda: Y ella es bilingüe. Me encanta que escriba canciones en inglés y en español, y que tenga orgullo de ser cubana.

Graciela: Tienes razón, Yolanda. Tienes razón.

Escucha una vez más para verificar tus respuestas.

(Repeat passage)

Unidad 1
Lección 1

I. Gente del Mundo 21

Presentación de Luis Valdez. Escucha lo que dice un maestro de una escuela secundaria al presentar a Luis Valdez, una de las personalidades chicanas más famosas de EE.UU. Luego, escoge la respuesta que complete mejor cada oración.

Bienvenidos a este evento cultural especial de la Semana de la Raza que celebramos aquí en la Escuela Secundaria Benito Juárez de Chicago, Illinois. Como parte de esta semana cultural chicana que cada año tiene lugar en la escuela, hemos presentado dos películas dirigidas por Luis Valdez. Hemos visto primero *Zoot Suit,* que tiene que ver con un proceso legal contra unos jóvenes pachucos de Los Ángeles en la década de 1940. También vimos *La Bamba,* que trata de la vida de Ritchie Valens, un cantante juvenil chicano de los años 50. Además de ser actor, director y cineasta, Luis Valdez es también un famoso dramaturgo chicano. En 1965 fundó el Teatro Campesino, compañía teatral que inició el teatro chicano contemporáneo. Es para mí un verdadero honor presentarles a Uds. a Luis Valdez.

Escucha una vez más para verificar tus respuestas.

(Repeat passage)

Unidad 1
Lección 2

I. Gente del Mundo 21

Opinión sobre los candidatos. Escucha la opinión que una radioescucha puertorriqueña expresa en un programa de radio sobre los candidatos políticos de Nueva York. Luego, escoge la respuesta que complete mejor cada oración.

Soy una puertorriqueña que se siente orgullosa de ser del Bronx en la ciudad de Nueva York. Nací, me crié y sigo viviendo en el Bronx. Yo conozco a Fernando Ferrer desde hace muchos años porque él también nació y se crió aquí en el Bronx. Yo voté por él por primera vez en 1987, cuando fue elegido presidente del condado del Bronx, el distrito que tiene la mayor población hispana de Nueva York. Fernando Ferrer ha sido la persona más joven en ocupar ese puesto. Fernando Ferrer siempre ha defendido la educación bilingüe, lo que para mí es muy importante porque tengo tres hijos pequeños que van a la escuela. Yo creo que saber comunicarse tanto en inglés como en español es muy importante. A mí me parece que Fernando Ferrer tiene todas las cualidades para ser un buen alcalde de Nueva York. Yo pienso votar por él porque estoy convencida de que él va a ser el primer alcalde hispano de la ciudad más grande de EE.UU.

Escucha una vez más para verificar tus respuestas.

(Repeat passage)

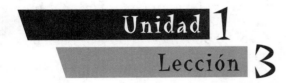

Unidad 1 · Lección 3

I. Gente del Mundo 21

Opiniones. Escucha lo que dice esta pareja de cubanoamericanos en un parque de la Pequeña Habana de Miami. Hablan de las cualidades de un político cubanoamericano. Luego, escoge la respuesta que complete mejor cada oración.

Mujer: A mí no me tienes que decir por quién tengo que votar. Por eso me hice ciudadana de EE.UU., para que nadie me diga lo que tengo que hacer o pensar.

Hombre: Pero, mujer, si sólo te estoy diciendo que me parece que Xavier Suárez está trabajando muy bien como alcalde de Miami.

Mujer: Tampoco me tienes que repetir lo que yo ya sé. Para mí, Xavier Suárez es un buen chico. Nació en Las Villas, Cuba, donde yo también nací. A los once años emigró junto con su familia a EE.UU. donde se educó y estudió su carrera de... *(hesitation)*

Hombre: Xavier Suárez es abogado, estudió en una universidad de mucho prestigio, en la Escuela de Leyes de Harvard.

Mujer: Bueno, pero si ha sido reelegido alcalde varias veces desde 1985 no es porque fue a esa universidad sino porque como alcalde sabe hacer bien las cosas.

Hombre: Pero, mujer, yo te dije desde un principio que él era el mejor candidato.

Mujer: Mira, chico, te repito, yo decido las cosas por mi cuenta.

Escucha una vez más para verificar tus respuestas.

(Repeat passage)

Unidad 1 · Examen

I. Gente del Mundo 21

Políticos en la radio. Escucha lo que dice la comentarista de un programa de radio que presenta a tres políticos hispanos que representan a varias comunidades latinas de EE.UU. Luego, escoge la respuesta que complete mejor cada oración.

Buenas noches, amigos y amigas que nos escuchan en la radio. *Radio Washington* va a presentarles esta noche un programa muy especial. A nuestros estudios aquí en Washington, D.C. hemos invitado a tres políticos hispanos para que hablen de los problemas que afectan a las diversas comunidades latinas en EE.UU. Primero quiero presentarles a Henry Cisneros, quien nació en San Antonio, Texas y fue elegido alcalde de esa ciudad en cuatro ocasiones y ahora es el Secretario de Vivienda y Desarrollo Urbano en el gabinete del presidente Bill Clinton. Luego les quiero presentar a Nydia Velázquez, de origen puertorriqueño, que fue elegida al Congreso de EE.UU. y representa un distrito de Nueva York. Finalmente, tengo el honor de tener aquí a Ileana Ros-Lehtinen que en 1989 llegó a ser la primera mujer hispana elegida diputada para el Congreso de EE.UU. y representa un distrito de la Florida.

Escucha una vez más para verificar tus respuestas.

(Repeat passage)

I. Gente del Mundo 21

El Cid Campeador. Escucha lo que dicen Lola y Luis, dos estudiantes españoles de Madrid, después de ver la película "El Cid" con Charlton Heston y Sofía Loren. Luego, escoge la respuesta que complete mejor cada oración.

Lola: Luis, ¿qué es lo que más te impresionó de la película "El Cid"?

Luis: Lo que más me impresionó fue la escenografía de la película. Realmente los castillos medievales y las batallas me parecieron muy realistas Y a ti Lola, ¿qué es lo que más te gustó de la película?

Lola: La actuación de Charlton Heston como El Cid me pareció estupenda. Aunque te voy a confesar Luis, disfruté más al leer el poema original, el "Cantar de Mío Cid". El poema te da la oportunidad de imaginarte al Cid y a los otros personajes.

Luis: Pues yo cuando vi la película pensé que todo había sido inventado por un guionista de Hollywood.

Lola: Pues para que sepas, "El Cid" fue una persona de carne y hueso. Su nombre verdadero era Rodrigo Díaz de Vivar y era descendiente de una antigua familia cristiana de Vivar en Burgos.

Luis: Tú que sabes tanto, ¿qué significa la palabra "El Cid"?

Lola: Cid viene de la palabra árabe *sayyid* que significa "señor". En realidad es el título del primer gran poema épico compuesto en español en el siglo XII.

Luis: Bueno, después de ver la película quizás ahora sea para mí más fácil leer el poema.

Escucha una vez más para verificar tus respuestas.

(Repeat passage)

I. Gente del Mundo 21

El rey de España. Escucha la conversación entre dos jóvenes estudiantes. Uno es Enrique, un estudiante latino de EE.UU. que recién ha llegado a Madrid para estudiar por un año, y el otro es Miguel, hijo de la familia española con la que ahora vive Enrique. Luego, escoge la respuesta que complete mejor cada oración.

Enrique: No comprendo. En la clase de historia de España acabamos de aprender que a finales de la década de 1970 España se convirtió en una democracia pero que al mismo tiempo es un reino. ¿Cómo puede ser esto?

Miguel: El nombre oficial de España es Reino de España. Esto quiere decir que España es una monarquía, pero una monarquía constitucional. Es decir, el país tiene un rey pero al mismo tiempo tiene un sistema político democrático en el que el pueblo elige al gobierno.

Enrique: ¿Y qué me dices del rey?

Miguel: Juan Carlos I fue escogido por Francisco Franco como su sucesor por ser nieto de Alfonso XIII, el último rey español que abandonó el país en 1931 en una época de profunda crisis política y social que terminó cinco años más tarde en la Guerra Civil Española.

Aunque nació en Roma en 1938, Juan Carlos I fue preparado desde muy joven para las responsabilidades que iba a tener como rey de España. Juan Carlos I subió al trono el 22 de noviembre de 1975, dos días después de la muerte de Franco.

Enrique: Pero, ¿qué papel tiene el rey?

Miguel: El rey es el símbolo de la unión de los españoles y es el jefe de estado. El rey es el que recibe a los embajadores y tiene otras funciones de protocolo, por ejemplo, inaugurar las Olimpiadas de Barcelona de 1992. El rey es una figura muy popular y tiene mucho prestigio entre el pueblo español porque siempre ha defendido la democracia.

Escucha una vez más para verificar tus respuestas.

(Repeat passage)

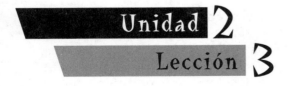

I. Gente del Mundo 21

Estrellas del cine español. Escucha lo que dicen Paco y Lola, una joven pareja madrileña, de las actrices principales que aparecen en *Tacones lejanos*, la película de Pedro Almodóvar. Luego, escoge la respuesta que complete mejor cada oración.

Paco: *Tacones lejanos* es una película que a mí me hizo llorar.

Lola: Paco, lo que pasa es que tú eres muy sentimental.

Paco: Di lo que tú quieras pero lo que a mí me impactó más fue la triste canción "Piensa en mí" que canta Marisa Paredes, la actriz que hace el papel de Becky, la famosa cantante.

Lola: Esa voz que tanto te impresionó no es la de Marisa Paredes sino la de una cantante profesional.

Paco: Gracias por la información, Lola, aunque no importa quién canta. Lo importante es el sentimiento que comunica la actriz.

Lola: Pues yo personalmente me identifiqué con Rebeca, la hija de Becky. La actriz Victoria Abril realmente ha hecho un papel extraordinario. Para mí fue lo mejor de la película.

Escucha una vez más para verificar tus respuestas.

(Repeat passage)

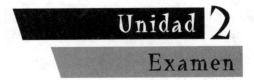

I. Gente del Mundo 21

El presidente de España. Escucha lo que dice un comentarista de la radio española sobre Felipe González, uno de los políticos españoles más importantes de los últimos quince años. Luego, escoge la respuesta que complete mejor cada oración.

Para sus amigos sigue siendo sólo Felipe aunque ha sido elegido en varias ocasiones presidente del gobierno de España y ahora es uno de los líderes políticos más importantes de Europa. Él mismo se burlaría si lo llamaran don Felipe o Sr. González, pues se identifica con sus orígenes humildes de trabajador. Es sevillano de nacimiento y también por temperamento.

Desde 1978 en España se han celebrado con regularidad elecciones para luego, escoger a los miembros de las Cortes, o sea el parlamento español. El líder del partido que recibe el mayor número de votos es elegido presidente del gobierno español.

Desde 1983, el Partido Socialista Obrero Español ha ganado en todas las elecciones nacionales. Después de cada victoria, su líder, Felipe González, fue elegido presidente del gobierno español.

Felipe González considera que uno de los mayores logros de su gobierno fue el ingreso de España en la Comunidad Económica Europea que hoy se llama la Unión Europea. Con esto España se integró a esta unión de países europeos con los que comparte una antigua herencia cultural y un sistema democrático de gobierno.

Escucha una vez más para verificar tus respuestas.

(Repeat passage)

Unidad 3 Lección 1

I. Gente del Mundo 21

Carlos Salinas de Gortari. Escucha lo que dice un comentarista de una estación de radio independiente de México sobre la labor realizada por el presidente Carlos Salinas de Gortari. Luego, escoge la respuesta que complete mejor cada oración.

El presidente Carlos Salinas de Gortari termina en 1994 su sexenio o sea, sus seis años de gobierno, de la misma forma que comenzó en 1988, en medio de una crisis política. Cuando fue declarado ganador de las

elecciones presidenciales de 1988 muchos observadores opinaron que habían sido unas elecciones fraudulentas. Pero ya en el poder, el presidente Carlos Salinas de Gortari realizó muchas reformas que tuvieron un impacto positivo en la economía mexicana. Por ejemplo, renegoció la deuda externa, privatizó un gran número de compañías públicas y redujo considerablemente la inflación. También bajo su dirección México negoció y firmó junto con EE.UU. y Canadá el Tratado de Libre Comercio de Norteamérica que entró en vigor el primero de enero de 1994, estableciendo así el bloque comercial más grande del mundo. En el último año de su gobierno enfrentó varios problemas políticos serios, como la rebelión indígena zapatista de Chiapas que se inició el primero de enero de 1994 y el asesinato del candidato del partido oficial a la presidencia en marzo de 1994. Todo indica que la reforma económica del gobierno de Carlos Salinas de Gortari no llevó a una verdadera reforma política en México.

Escucha una vez más para verificar tus respuestas.

(Repeat passage)

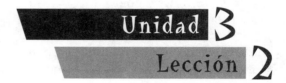

Unidad 3 Lección 2

I. Gente del Mundo 21

Rigoberta Menchú Tum. Escucha la conversación que tienen Marcia, una estudiante latina de EE.UU. que recién ha llegado a Guatemala para estudiar por un año, y Teresa, su nueva amiga guatemalteca. Esta conversación tiene lugar después que ambas han visto una entrevista a Rigoberta Menchú en la televisión guatemalteca. Luego, escoge la respuesta que complete mejor cada oración.

Marcia: Me gustaría conocer en persona a Rigoberta Menchú porque es una mujer humilde que ha podido superar grandes obstáculos.

Teresa: Sí, es cierto. Es impresionante que a los veinte años de edad ella decidió aprender español, pues hasta entonces sólo hablaba quiché. Y lo hizo sólo para así poder informar a otros de la opresión que sufren los pueblos indígenas de Guatemala.

Marcia: ¿Recuerdas cómo se escribió su libro *Me llamo Rigoberta Menchú y así me nació la conciencia*?

Teresa: En una visita que hizo Rigoberta Menchú a París conoció y le contó su vida a Elizabeth Burgos, una escritora venezolana que primero grabó y luego transcribió y editó las entrevistas. Este libro fue publicado en 1983 en español y ha sido traducido al inglés, francés y a muchas otras lenguas. En este libro explica Rigoberta Menchú cómo murieron asesinados dos de sus hermanos, su padre y su madre. Sus familiares fueron víctimas de la campaña de genocidio proseguida contra los pueblos indígenas de Guatemala en las últimas cuatro décadas.

Marcia: A mí me da mucho gusto que en 1992 haya recibido el Premio Nóbel de la Paz. Sin duda que Rigoberta Menchú es un verdadero modelo para muchos hombres y mujeres indígenas que luchan por una vida mejor.

Escucha una vez más para verificar tus respuestas.

(Repeat passage)

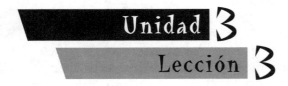
Unidad 3
Lección 3

I. Gente del Mundo 21

Los habitantes de Teotihuacán. Escucha lo que dicen Nellie y Leo, dos jóvenes latinos de EE.UU., sobre las personas que habitaron Teotihuacán, "la Ciudad de los Dioses". Luego, escoge la respuesta que complete mejor cada oración.

Leo: ¿Quiénes fueron los habitantes de Teotihuacán?

Nellie: En realidad, sabemos muy poco de ellos. No sabemos de dónde vinieron, ni qué lengua hablaban ni por qué desaparecieron de repente alrededor de 750 d.C.

Leo: Pero, sabemos el nombre original de la ciudad, ¿no? ¿Qué significa "Teotihuacán"? ¿Quiénes la nombraron así?

Nellie: No, es que no sabemos el nombre original de la ciudad. "Teotihuacán" es el nombre que los aztecas dieron a las ruinas y significa "la Ciudad de los Dioses". Sin duda sabían que había sido una magnífica ciudad.

Leo: Me imagino que esa gran ciudad era como una gran Nueva York meso-americana con gente que venía de muchas regiones de Mesoamérica.

Nellie: Sí, parece que existían barrios donde se concentraban personas de diferentes grupos étnicos. También había distinciones muy marcadas de clases sociales. Para construir las grandes pirámides y los magníficos templos se necesita el trabajo de miles de personas.

Leo: Tal vez cuando la sociedad se volvió muy opresiva, los trabajadores se rebelaron contra sus opresores y destruyeron la ciudad.

Nellie: Ésa es una de las muchas teorías sobre la destrucción de Teotihuacán.

Escucha una vez más para verificar tus respuestas.

(Repeat passage)

Unidad 3
Examen

I. Gente del Mundo 21

Político guatemalteco. Escucha lo que dice una comentarista de un programa de radio sobre la historia contemporánea de Guatemala. Luego, escoge la respuesta que complete mejor cada oración.

Buenas noches a todos nuestros radioescuchas. *Radio Guatemala Independiente* les presenta ahora otro programa especial dedicado a la historia contemporánea de nuestro país. El tema de esta noche es el gobierno de Jacobo Arbenz Guzmán, militar y político guatemalteco que en 1950 ganó las elecciones presidenciales y ocupó la presidencia del país de 1951 a 1954.

Jacobo Arbenz Guzmán es quizás una de las figuras más discutidas de nuestra historia. Para algunos, él es un político progresista que comenzó el plan de reformas económicas y sociales más importante de la historia de Guatemala. Para otros él es simplemente un demagogo peligroso que abrió las puertas a la subversión comunista. Lo cierto es que su reforma agraria de 1952 afectó tanto a miles de campesinos que por fin llegaron a ser dueños de sus tierras como a las compañías extranjeras, como la *United Fruit,* que controlaba grandes extensiones de tierra. En 1954 su gobierno fue derrocado por militares apoyados por el gobierno estadounidense iniciándose así un período de inestabilidad y violencia que continúa hasta nuestros días.

Estamos listos para recibir su llamada. ¿Fue una bendición o una maldición el derrocamiento de Jacobo Arbenz? Deseamos saber lo que ustedes opinan. Todas nuestras líneas telefónicas están abiertas...

Escucha una vez más para verificar tus respuestas.

(Repeat passage)

Unidad 4
Lección 1

I. Gente del Mundo 21

Controvertido líder cubano. Escucha lo que dice un profesor de historia latinoamericana sobre el líder cubano Fidel Castro. Luego, escoge la respuesta que complete mejor cada oración.

Fidel Castro es una de las figuras políticas más controvertidas del mundo actual. Nació en 1926 en Mayarí, en la provincia de Oriente. Fue educado en escuelas católicas y se graduó en la facultad de derecho de la Universidad de La Habana. El 26 de julio de 1963, fracasó en su intento de tomar una instalación militar llamada Moncada en la ciudad de Santiago de Cuba. Fidel Castro y su hermano Raúl fueron mandados a una prisión y dos años más tarde fueron amnistiados. En México, organizaron el Movimiento 26 de julio junto con el revolucionario argentino Ernesto "Che" Guevara. En 1956 Castro dirigió la lucha de los revolucionarios contra Fulgencio Batista, quien huyó del país el 31 de diciembre de 1958. Después de un período de confusión, Fidel Castro organizó el nuevo gobierno bajo la dirección del Partido Comunista de Cuba, restringiendo las libertades individuales. Para algunos, Fidel Castro es un líder revolucionario que ha podido mantenerse en el poder durante más de treinta y cinco años debido a su inteligencia política. Para otros, Castro es un dictador comunista que no ha permitido ninguna oposición en la isla y ha obligado a diez por ciento de la población cubana a vivir en el exilio. Todos se preguntan, ¿qué pasará con Cuba cuando Fidel Castro no esté en el poder?

Escucha una vez más para verificar tus respuestas.

(Repeat passage)

Unidad 4 Lección 2

I. Gente del Mundo 21

Político y escritor dominicano. Escucha lo que dice una profesora en un curso para estudiantes extranjeros sobre uno de los políticos y escritores dominicanos más importantes del siglo XX . Luego, escoge la respuesta que complete mejor cada oración.

Desde el siglo pasado muchos escritores y artistas latinoamericanos han participado activamente en la política de sus respectivos países. Ha habido muchos escritores que han sido presidentes y líderes políticos de mucha influencia. En la República Dominicana tenemos el caso del carismático político y escritor Juan Bosch quien nació en 1909. Alcanzó fama como intelectual y escritor desde un principio. Por su oposición al dictador dominicano Rafael Leónidas Trujillo, fue exiliado en varias ocasiones. En 1939 fundó el Partido Revolucionario Dominicano, el PRD. Tras el asesinato de Trujillo en 1961, regresó a su país y fue elegido presidente en 1962. Pero después de sólo siete meses como presidente fue derrocado en 1963 por un golpe militar y tuvo que volver al exilio. En 1973, se separó del PRD y formó el Partido de Liberación Dominicana, el PLD. En las disputadas elecciones presidenciales de 1990 fue derrotado por su antiguo adversario político, Joaquín Balaguer. Su actividad política no le ha impedido desarrollar una extensa obra literaria. Por ejemplo, ha escrito una biografía titulada *Simón Bolívar*, personaje a quien admira mucho. Sus mejores cuentos fueron recopilados en el libro *Cuentos escritos en el exilio* publicado en 1981.

Escucha una vez más para verificar tus respuestas.

(Repeat passage)

Unidad 4 Lección 3

I. Gente del Mundo 21

Cantante puertorriqueño. Escucha lo que dicen Rosa y Sonia, dos amigas puertorriqueñas sobre el popular vocalista Chayanne. Luego, escoge la respuesta que complete mejor cada oración.

Rosa: ¡Vaya un concierto! Sonia, dime si no valió la pena venir a escuchar a Chayanne en persona.

Sonia: Sí, el concierto estuvo bien chévere. ¡Qué bueno que pudiste conseguir entradas para la primera fila! No sabes cómo te lo agradezco.

Rosa: Para eso están las amigas. ¿Notaste cómo se fijaba en nosotras Chayanne cuando cantaba la canción "Provócame"? Es la que más me gusta y también la que le da el título a ese álbum suyo tan popular en Latinoamérica.

Sonia: Te voy a decir, ahora que canta temas romáticos me gusta más que cuando cantaba temas medio roqueros y saltaba por todo el escenario.

Rosa: Sí, Chayanne se ha transformado. Ahora se ve más guapo con esa barba a medio salir.

Sonia: Oye, Rosa, ¿y de veras es puertorriqueño?

Rosa: Claro, su nombre original es Elmer Figueroa Arce y nació, déjame ver lo que dice esta revista... "Nació el 28 de junio de 1969 en Río Piedras, Puerto Rico..."

Sonia: Pues lo que a mí me gustó más fue cuando Chayanne tocó él mismo la guitarra y se puso a cantar una de sus baladas románticas.

Escucha una vez más para verificar tus respuestas.

(Repeat passage)

Unidad 4
Examen

I. Gente del Mundo 21

Poeta cubano. Escucha lo que dicen dos estudiantes de literatura latinoamericana de la Universidad de La Habana sobre uno de los poetas hispanoamericanos más reconocidos del siglo XX. Luego, escoge la respuesta que complete mejor cada oración.

Mujer: ¡Qué bueno que ahora en nuestro curso de literatura hispanoamericana estemos leyendo a mi poeta favorito, Nicolás Guillén!

Hombre: Sí, al hombre que fue aclamado el poeta nacional de Cuba.

Mujer: Yo he visitado la casa donde nació en Camagüey en 1902. Su familia era muy distinguida, de antepasados africanos y españoles. ¿Sabías que su papá fue senador de la república?

Hombre: ¿De veras? A mí me encantan sus dos primeros libros: *Motivos del son* de 1930 y *Sóngoro cosongo* de 1931. Estos dos libros tienen versos sencillos inspirados en los ritmos y tradiciones afrocubanos. Cuando leo los poemas en voz alta casi los puedo cantar.

Mujer: También la vida de Nicolás Guillén es un reflejo de lo que sucedió en Cuba. Durante la dictadura de Fulgencio Batista —de 1952 a 1958— Guillén vivió en el exilio. Pero regresó a Cuba después del triunfo de la revolución de Castro.

Hombre: Guillén fue fundador y presidente durante muchos años de la Unión de Escritores y Artistas de Cuba. Cuando murió en 1989 muchísimos cubanos sentimos que habíamos perdido a uno de nuestros mejores valores culturales.

Escucha una vez más para verificar tus respuestas.

(Repeat passage)

Unidades 1-4
Examen final

I. Comprensión oral

Las tres hispanidades. Escucha lo que dicen dos estudiantes después de ver una serie de programas culturales grabados para la televisión por el escritor mexicano Carlos Fuentes. Luego, escoge la respuesta que complete mejor cada oración.

Antonio: Después de ver la serie completa de cinco programas titulada *El espejo enterrado: reflexiones sobre España y el Nuevo Mundo* que el escritor mexicano Carlos Fuentes hizo para la televisión, he comenzado a entender más la cultura del mundo hispano. A ti, Inés, ¿cuál de los cinco programas te gustó más?

Inés: El último, el programa llamado "Las tres hispanidades".

Antonio: A mí también me gustó ese programa, aunque no está muy claro por qué se llama así. ¿Cuáles son "las tres hispanidades"?

Inés: Carlos Fuentes lo explica muy bien. "La primera hispanidad" surge en la Península Ibérica y es el resultado de la mezcla de muchos pueblos: iberos, celtas, fenicios, griegos, romanos, visigodos, árabes, judíos y otros más. Esta "primera hispanidad" se ha transformado de una manera acelerada en los últimos veinte años. Según Fuentes, España es un país con una herencia muy antigua pero es también muy moderno, industrial y democrático.

Antonio: ¿Entonces Latinoamérica es "la segunda hispanidad"?

Inés: Sí. Y esta "segunda hispanidad" también se ha transformado rápidamente. Ahora la gran mayoría de los latinoamericanos viven en las ciudades. Esta creciente urbanización ha afectado la cultura de grandes sectores de la población.

Antonio: ¿Cuál es entonces "la tercera hispanidad"?

Inés: Tú y yo que somos latinos y vivimos en los Estados Unidos, somos parte de "la tercera hispanidad" que la forman todos los hispanos de los Estados Unidos. Se calcula que hay más de 25 millones de hispanos en este país. La mayoría son jóvenes como tú y yo. ¡Qué bueno que somos bilingües y podemos comunicarnos tanto en inglés como en español! En el próximo siglo los sueños enterrados de "las tres hispanidades" pueden hacerse realidad.

Escucha una vez más para verificar tus respuestas.

(Repeat passage)

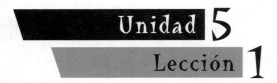

I. Gente del Mundo 21

Un escritor salvadoreño. Escucha lo que dicen dos estudiantes salvadoreños después de leer la obra de un escritor de su país. Luego, escoge la respuesta que complete mejor cada oración.

Ernesto: ¿Qué te pareció el cuento infantil "Los perros mágicos de los volcanes" de Manlio Argueta?

Esperanza: Me gustó mucho porque me hizo recordar a mi abuela que siempre me contaba cuentos de cadejos. ¿Conoces su obra?

Ernesto: Sí, y me parece interesante que este escritor comenzó como poeta pero se ha distinguido como

novelista. Ha publicado cuatro novelas. Yo he leído sus dos últimas novelas: una titulada, *Un día en la vida* de 1980 y la otra, *Cuzcatlán, donde bate la mar del Sur* de 1985. Las dos me gustaron mucho porque tratan de la realidad que viven las familias de campesinos salvadoreños. Ambas novelas se han traducido a varias lenguas.

Esperanza: Pues a mí me gustaría conocer a Manlio Argueta en persona.

Ernesto: Quizás podamos invitarlo a nuestra clase.

Esperanza: Pero, ¿no vive Argueta en San José de Costa Rica?

Ernesto: Hacía muchos años que vivía allí, pero acaba de mudarse aquí a la capital.

Esperanza: ¿De veras? No lo sabía. Pues, vamos a ponernos en contacto con él.

Escucha una vez más para verificar tus respuestas.

(Repeat passage)

I. Gente del Mundo 21

La presidenta de Nicaragua. Escucha lo que dice un comentarista de una estación de televisión centroamericana al presentar a la presidenta de Nicaragua, una de las figuras políticas contemporáneas más importantes de aquel país. Luego, escoge la respuesta que complete mejor cada oración.

Es un verdadero honor para esta estación de televisión centroamericana tener aquí con nosotros a doña Violeta Barrios de Chamorro, Presidenta de Nicaragua. Esta distinguida señora ha desempeñado todos los papeles que le han tocado con gran éxito. La historia de su vida no es desconocida para ustedes los radioescuchas. En 1950 se casó con Pedro Joaquín Chamorro, editor del periódico *La Prensa* y destacado opositor al dictador Anastasio Somoza. Después del asesinato de su esposo, Violeta Chamorro pasó a dirigir el periódico. De julio de 1979 a abril de 1980 formó parte de la junta revolucionaria sandinista que tomó el poder después de la caída de Somoza. Desilusionada por las tendencias comunistas del Sandinismo, cada vez más marcadas, pasó a la oposición y llegó a la presidencia de Nicaragua en 1990 cuando derrotó en elecciones libres a Daniel Ortega, el candidato del régimen sandinista. Su gobierno logró la reconciliación de las fuerzas contrarrevolucionarias y reanudó los lazos de amistad con EE.UU. Por eso hemos invitado a doña Violeta Barrios de Chamorro a nuestro programa. Le vamos a pedir que nos hable un poco sobre el futuro de nuestro país tal como ella lo ve, de los motivos de esperanza y de los problemas más importantes que enfrenta Nicaragua. Démosle a la señora Presidenta una calurosa bienvenida.

Escucha una vez más para verificar tus respuestas.

(Repeat passage)

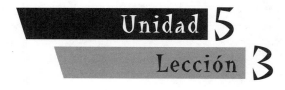

I. Gente del Mundo 21

Un político reformador de Costa Rica. Escucha lo que dicen dos ancianos costarricenses después de ver por televisión la toma de posesión del nuevo presidente de Costa Rica. Luego, escoge la respuesta que complete mejor cada oración.

Esposo: Hoy me siento muy orgulloso de ser costarricense y de haber contribuido al establecimiento de la democracia en nuestro país.

Esposa: Pues, en la televisión José Figueres hijo se ve igual que el padre. Yo no los podría distinguir porque tienen la misma cara.

Esposo: Para mí son diferentes. Yo conocí muy bien al padre, a José Figueres Ferrer. Yo fui uno de los hombres que lo apoyamos en su rebelión contra el mal gobierno que había anulado las elecciones presidenciales de 1948.

Esposa: Por favor, no me cuentes otra vez la misma historia que te he escuchado tantas veces.

Esposo: Sí, ya sé que te aburre, pero como resultado de lo que hicimos entonces se estableció un gobierno democrático en Costa Rica y en 1949 se aprobó una nueva constitución que disolvió el ejército.

Esposa: Eso es lo que más me gusta, que Costa Rica es el único país latinoamericano que no tiene ejército. Por eso no hemos tenido golpes de estado.

Esposo: Yo también voté por José Figueres Ferrer en 1953 cuando fue elegido presidente por primera vez y en 1970 cuando fue elegido presidente otra vez.

Esposa: Pues yo espero que el hijo sea tan buen presidente como el padre.

Escucha una vez más para verificar tus respuestas.

(Repeat passage)

I. Gente del Mundo 21

Un político sandinista. Escucha lo que dicen dos estudiantes nicaragüenses sobre uno de los políticos más influyentes de su país en los últimos quince años. Luego, escoge la respuesta que complete mejor cada oración.

Estudiante 1: Hasta un reaccionario como tú tendrá que reconocer las contribuciones de Daniel Ortega a Nicaragua como líder del Frente Sandinista de Liberación Nacional (FSLN).

Estudiante 2: Si no soy tan reaccionario como piensas. Yo también me considero sandinista. Admiro a Ortega, pero no estoy de acuerdo con su manera de administrar el país.

Estudiante 1: Pues yo pienso que el régimen del dictador Anastasio Somoza se hubiera prolongado sin Daniel Ortega.

Estudiante 2: Estoy de acuerdo, compa, y yo voté por Daniel Ortega en las elecciones presidenciales de 1984.

Estudiante 1: ¿Y en las elecciones de febrero de 1990?

Estudiante 2: Como la mayoría de los nicaragüenses, yo voté por Violeta Chamorro, porque realmente estaba cansado de la guerra hecha por los "contras" y de los problemas económicos del país.

Estudiante 1: Pero los "contras" abandonaron las armas y los problemas de Nicaragua todavía no se han resuelto. Para mí, Daniel Ortega es el candidato ideal para las próximas elecciones.

Escucha una vez más para verificar tus respuestas.

(Repeat passage)

Unidad 6
Lección 1

I. Gente del Mundo 21

Un artista colombiano. Escucha lo que les explica un guía a unos visitantes en el Museo de Arte Moderno de Bogotá sobre la obra de Fernando Botero, el artista colombiano más reconocido del mundo. Luego, escoge la respuesta que complete mejor cada oración.

En esta galería pueden observar varias obras del pintor y escultor Fernando Botero, que nació en Medellín, Colombia en 1932. Botero se ha convertido en el artista colombiano más reconocido del mundo. En 1951 realizó su primera exhibición en Bogotá, la capital de Colombia. Luego, estudió primero en España y entre 1953 y 1955 vivió en París y Florencia. Era partidario de una corriente pictórica figurativa y realista. Comenzó a exagerar los volúmenes de las figuras humanas en sus cuadros y esculturas. Por ejemplo, en el cuadro titulado "La familia presidencial", vemos representados a los personajes típicos de una familia oligárquica latinoamericana, de una manera distorsionada ya que todos están demasiado gruesos. En 1992 sus enormes esculturas de bronce fueron exhibidas a lo largo de los Campos Elíseos de París y en la Avenida Park de Nueva York.

Escucha una vez más para verificar tus respuestas.

(Repeat passage)

Unidad 6
Lección 2

I. Gente del Mundo 21

Un cantante y político. Escucha la conversación entre dos panameños, el señor Ordóñez y su hijo Patricio, sobre un cantante que fue candidato a la presidencia de su país. Luego, escoge la respuesta que complete mejor cada oración.

Sr. Ordóñez: ¿No ves, Patricio? Te dije que Rubén Blades no podía ser elegido. Salvador Rodríguez, el candidato del Partido Revolucionario Demócrata, ha ganado las elecciones presidenciales. Blades debe conformarse con ser músico y no meterse en política.

Patricio: No digas eso, papá. Blades hizo una campaña muy buena y creo que es un modelo para los panameños de todas las edades.

Sr. Ordóñez: Pero lo que hace falta en el país no es un buen modelo, sino un buen presidente. Y el pueblo panameño decidió que Rodríguez, y no Blades, tenía la capacidad necesaria para gobernar el país.

Patricio: Pero no te olvides que Blades no es solamente un músico. Se recibió de abogado en Panamá antes de ir a Nueva York en 1974 y sacó una maestría en derecho internacional en la Universidad de Harvard.

Sr. Ordóñez: No niego que tiene una buena formación y que es un hombre de mucho talento. Me encantan sus películas como *Crossover Dreams* y *Milagro Beanfield War*. Pero eso no basta para que lo elijamos presidente. Hace falta tener experiencia política.

Patricio: Pero, papá, Blades fundó *Papá Egoró*, un nuevo partido político.

Sr. Ordóñez: Nunca han faltado los partidos políticos en Hispanoamérica, Patricio.

Patricio: Recuerda que *Papá Egoró* significa "Nuestra Madre Tierra". El nombre lo dice todo.

Sr. Ordóñez: Blades puede ponerle el nombre que quiera a su partido, pero parece que la mayoría de los panameños se dieron cuenta de que un hombre como Blades, que ha vivido veinte años en el extranjero, no conoce bien los problemas de Panamá.

Escucha una vez más para verificar tus respuestas.

(Repeat passage)

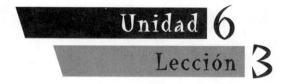

Unidad 6 Lección 3

I. Gente del Mundo 21

Una escritora venezolana. Escucha lo que dicen dos amigas que viven en Caracas sobre la obra de la escritora venezolana Teresa de la Parra. Luego, escoge la respuesta que complete mejor cada oración.

Angélica: Ayer leí en el periódico que el próximo mes van a volver a pasar por televisión la telenovela *Ifigenia*. ¿Te acuerdas cómo nos gustó?

Rebeca: ¡Cómo no me voy a acordar, Angélica! Si a mi hija le puse el nombre de Ifigenia por la heroína de esa telenovela. ¡Ah cómo nos hizo reír y llorar!

Angélica: Pues, quieren pasar la telenovela de nuevo como homenaje a la escritora de la novela sobre la cual la basaron.

Rebeca: Teresa de la Parra merece el homenaje. Es una de las figuras más grandes de la literatura venezolana.

Angélica: Aunque vivió una gran parte de su vida fuera de Venezuela. ¿Sabes, Rebeca? Nació en París en 1890 de padres venezolanos y se crió a

	partir de los dos años en una hacienda cerca de Caracas.
Rebeca:	Sí. A los ocho años la llevaron a España para hacer sus estudios. No volvió a su patria hasta los dieciocho años.
Angélica:	Y en 1923, a los treinta y dos años, se estableció en París.
Rebeca:	La telenovela parece ser autobiográfica, ¿no?
Angélica:	Creo que sí. Su obra no es muy extensa, ¿sabes? Sólo publicó dos novelas, *Ifigenia* en 1924 y *Las memorias de Mamá Grande* en 1929.
Rebeca:	Lo sé. Sin embargo, Teresa de la Parra es actualmente reconocida como una de las primeras novelistas hispanoamericanas que reflejan la perspectiva de la mujer.
Angélica:	¿Vas a seguir la telenovela otra vez si la vuelven a poner?
Rebeca:	No sé si voy a poder. Desde que empecé mi trabajo de programadora, no tengo mucho tiempo para ver telenovelas.

Escucha una vez más para verificar tus respuestas.

(Repeat passage)

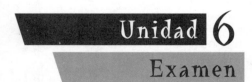

Unidad 6
Examen

I. Gente del Mundo 21

Una artista colombiana. Escucha lo que dicen dos amigos colombianos después de asistir a una exhibición de las últimas obras de Beatriz González en una galería de Bogotá. Luego, escoge la respuesta que complete mejor cada oración.

Julio:	¿Qué te parecieron las obras de Beatriz González, Augusto?
Augusto:	Muy interesantes, Julio, pero no sé si me gustaron en realidad. Eso de pintar copias de cuadros famosos en muebles me parece una idea muy original, pero no sé cuál sea su intención.
Julio:	A mí me parece que sus obras tienen un humor negro. No son simplemente cuadros sino verdaderos "objetos" de uso diario, como la mesa que vimos con una escena patriótica pintada en la superficie.
Augusto:	Creo que ni tus padres ni los míos podrían comer en una mesa así. En vez de comer, se pondrían a discutir.
Julio:	Eso es precisamente lo que quiere la artista. Sus obras nos hacen pensar.
Augusto:	Ella vive en Nueva York, ¿verdad? Allá no tendrá dificultad alguna para vender sus obras.
Julio:	No, no vive en Nueva York, Augusto. Vive en Bogotá y es una de las artistas colombianas más conocidas.

Escucha una vez más para verificar tus respuestas.

(Repeat passage)

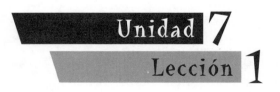

Unidad 7
Lección 1

I. Gente del Mundo 21

Un escritor peruano. Escucha lo que dicen una profesora de literatura latinoamericana y sus estudiantes sobre la vida y obra de Mario Vargas Llosa, uno de los escritores peruanos más célebres del mundo. Luego, escoge la respuesta que complete mejor cada oración.

Profesora Ochoa:	Voy a hacerles algunas preguntas sobre la lectura que tuvieron como tarea para hoy. ¿Dónde y cuándo nació Mario Vargas Llosa?
Pedro:	Nació en Arequipa en 1936.
Profesora Ochoa:	¿En qué universidad se doctoró?
Anita:	En la Universidad de Madrid.
Profesora Ochoa:	Su primera novela, *La ciudad y los perros,* que salió en 1963, ¿en dónde tiene lugar?
Anita:	La acción se desarrolla en una escuela militar. La novela es autobiográfica y refleja las experiencias personales del autor en una academia militar.
Profesora Ochoa:	Sí, esta primera obra consagró a Vargas Llosa como un gran novelista. Desde entonces es considerado uno de los escritores más representativos del llamado "boom" de la novela latinoamericana. Ha publicado muchas novelas, pero ¿qué hizo Mario Vargas Llosa en 1990?
Pedro:	Fue candidato del bloque conservador llamado Frente Democrático o FREDEMO.
Profesora Ochoa:	¿Ganó Vargas Llosa las elecciones?
Anita:	No, el ingeniero Alberto Fujimori resultó ganador.

Escucha una vez más para verificar tus respuestas.

(Repeat passage)

© D.C. Heath and Company

I. Gente del Mundo 21

Un escritor ecuatoriano. Escucha lo que dicen dos estudiantes sobre Jorge Icaza, uno de los escritores más conocidos de Ecuador. Luego, escoge la respuesta que complete mejor cada oración.

Teresa:	Acabo de leer la novela *Huasipungo* que publicó Jorge Icaza en 1934. Me gustó mucho.
Luisa:	¿De qué trata la novela?
Teresa:	Trata de las condiciones infrahumanas de explotación en que vivían los indios ecuatorianos. Se puede decir que es una novela indigenista.
Luisa:	¿Era un indígena ecuatoriano Icaza?
Teresa:	No, no lo era, pero conocía muy bien los problemas de los indígenas.
Luisa:	¿Nació en un pequeño pueblo del altiplano de Ecuador?
Teresa:	No, nació en Quito en 1906. Tuvo una vida muy interesante. Además de escribir novelas, Icaza escribió obras de teatro. En su juventud trabajó también como actor. A partir de 1973, Icaza fue embajador de Ecuador en el Perú y en la Unión Soviética.

Escucha una vez más para verificar tus respuestas.

(Repeat passage)

Unidad 7 — Lección 3

I. Gente del Mundo 21

Un escritor boliviano. Escucha lo que dicen dos estudiantes bolivianos de la Universidad de San Andrés, en La Paz, sobre la vida y obra de Alcides Arguedas, un importante escritor boliviano. Luego, escoge la respuesta que complete mejor cada oración.

Miguel: Rosario, ayúdame a repasar lo que tenemos de tarea para mañana. ¿Cómo se llama el escritor que tenemos que leer?

Rosario: Miguel, el escritor que estamos estudiando te va a interesar mucho. Se trata de Alcides Arguedas, un escritor boliviano que nació en 1879 en La Paz y estudió primero en Bolivia y más tarde en Francia. Después de graduarse en la facultad de derecho en 1903, representó a Bolivia como diplomático.

Miguel: ¿Qué clase de libros escribió?

Rosario: Su libro *Pueblo enfermo*, publicado en 1909, es un importante tratado sociológico aunque incluye afirmaciones controvertidas sobre la supuesta inferioridad psíquica del cholo o mestizo.

Miguel: Pues, yo no estoy de acuerdo con esto porque sabemos que todos los seres humanos son iguales. No importa la raza.

Rosario: El libro que te recomiendo de Alcides Arguedas es *Raza de bronce* que fue publicado en 1919 y que se considera una de las mejores novelas indigenistas.

Miguel: ¿Escribió otra clase de novelas?

Rosario: Bueno, también publicó una novela de la ciudad titulada *Vida criolla*. Salió en 1905, pero no tuvo éxito. Es interesante saber que dejó instrucciones para que sus memorias no se publicaran hasta cincuenta años después de su muerte. Como murió en 1946 quizás sus memorias salgan a la luz en 1996.

Miguel: No falta mucho, entonces.

Escucha una vez más para verificar tus respuestas.

(Repeat passage)

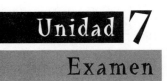

Unidad 7 — Examen

I. Gente del Mundo 21

Una cantante peruana. Escucha lo que dicen dos amigos peruanos después de asistir a un concierto de la cantante peruana Tania Libertad. Luego, escoge la respuesta que complete mejor cada oración.

Alberto: ¿Qué te pareció el concierto en vivo de Tania Libertad?

Leticia: Magnífico. Me parece que canta aún mejor en persona que en sus grabaciones.

Alberto: Comprendo por qué es tan famosa.

Leticia: Yo sé que ha grabado más de veinte discos. Me gustaría tenerlos todos.

Alberto: Pues yo acabo de conseguir una de sus últimas grabaciones que se llama *Boleros hoy*.

Leticia: Tania Libertad es una de las mejores intérpretes del canto nuevo latinoamericano. Lo que me gusta mucho de este movimiento es que el lirismo musical se une al compromiso social.

Alberto: Tienes razón, Leticia. Esta música no es para bailar sino para escuchar.

Leticia: Ah, sí, te hace sentir y pensar. Por eso es tan popular.

Alberto: Tania Libertad lo explicó muy bien cuando dijo en una reciente entrevista que realmente no le interesan las etiquetas que le han puesto a la música que ella canta. Ella propone que se le llame simplemente "música popular latinoamericana".

Escucha una vez más para verificar tus respuestas.

(Repeat passage)

I.   Gente del Mundo 21

Una escritora uruguaya. Escucha lo que dice una profesora de literatura latinoamericana sobre la vida y obra de Cristina Peri Rossi, una importante escritora uruguaya. Luego, escoge la respuesta que complete mejor cada oración.

Hoy vamos a enfocar la vida y obra de Cristina Peri Rossi, una escritora uruguaya que nació en Montevideo en 1941. Después de completar su licenciatura en letras en la Universidad de Montevideo, Cristina Peri Rossi fue maestra y periodista. Es una escritora que escribe narraciones y poemas con la misma facilidad. Su primera colección de cuentos *Viviendo*, publicada en 1963, inició su prolífica obra narrativa que incluye una docena de colecciones de relatos y una novela, *El libro de mis primos*, publicada en 1969. Entre sus libros de poemas se encuentra *Diáspora*, de 1976, que incluye poemas audaces e irónicos, con una fuerte dosis de pasión y crítica social. Como muchos otros escritores y artistas, Cristina Peri Rossi salió exiliada de Uruguay en 1972 y se radicó en Barcelona donde ha continuado su carrera literaria.

Escucha una vez más para verificar tus respuestas.

(Repeat passage)

I.   Gente del Mundo 21

Un escritor paraguayo. Escucha lo que dicen un profesor y sus estudiantes sobre Augusto Roa Bastos, uno de los escritores más famosos de Paraguay. Luego, escoge la respuesta que complete mejor cada oración.

Profesor Méndez: Bueno, su tarea para hoy. Vamos a discutir la vida y obra de Augusto Roa Bastos, uno de los escritores paraguayos de mayor alcance internacional en la literatura latinoamericana. ¿Dónde y cuándo nació Augusto Roa Bastos?

Arturo: Nació en Asunción, en 1917, hijo de padre brasileño de ascendencia francesa y de madre guaraní.

Profesor Méndez: ¿Ha vivido toda su vida en Paraguay?

Consuelo: No, vivió veinte años de exilio en Buenos Aires, donde ejerció diversos oficios. En 1970 regresó a Paraguay, pero el gobierno lo expulsó seis años después. En 1976 se estableció como profesor universitario en Tolosa, Francia.

Profesor Méndez: ¿Cuál es el tema central de sus dos novelas principales, *Hijo de hombre* publicada en 1960 y *Yo, el supremo* publicada en 1974?

Arturo: El tema central es la violencia política de Paraguay.

Profesor Méndez: ¿Qué prestigioso premio recibió Roa Bastos en 1989?

Consuelo: El Premio Miguel de Cervantes, otorgado por el gobierno español.

Escucha una vez más para verificar tus respuestas.

(Repeat passage)

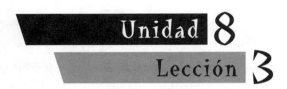

Unidad **8**
Lección **3**

I. Gente del Mundo 21

Un poeta chileno. Escucha lo que dicen dos estudiantes de la Universidad de Santiago de Chile sobre la vida y obra de Pablo Neruda, uno de los poetas más conocidos de la literatura latinoamericana. Luego, escoge la respuesta que complete mejor cada oración.

Maru: José Luis, ¿qué llevas ahí? ¿No me digas que un estudiante de ingeniería como tú lee poesía?

José Luis: No te sorprendas, Maru, a los ingenieros también nos gusta la poesía. Y éste que llevo aquí es mi libro de poemas favorito.

Maru: ¿Cómo se llama?

José Luis: *Veinte poemas de amor y una canción desesperada* de Pablo Neruda. Salió en 1921 cuando Neruda tenía sólo veinte años como yo.

Maru: Vaya, me impresionan tus conocimientos literarios.

José Luis: Puedes preguntarme lo que quieras sobre Neruda. Verás que también los chicos de la Facultad de Ingeniería somos literatos.

Maru: A ver, ¿cuándo y dónde nació Pablo Neruda?

José Luis: Nació en 1904 en Parral, pero su nombre no era Pablo Neruda sino Neftalí Ricardo Reyes Basoalto. Lo cambió a Pablo Neruda después de la publicación de su primer libro en 1923. Tomó el nombre de un poeta checo.

Maru: ¿Conoces otros libros de Neruda?

José Luis: Claro que sí. Publicó *Residencia en la tierra* en 1933 cuando vivía en Asia como diplomático chileno. *España en el corazón* salió en 1937 y refleja sus experiencias en la Guerra Civil Española. Y *Canto General* que salió en 1950 es un recorrido poético por todo el continente. Ahora, Maru, yo te voy a hacer una pregunta, una pregunta muy fácil. ¿Cuándo recibió Neruda el Premio Nóbel de Literatura?

Maru: A ver, lo acabo de leer, este... este...

José Luis: En 1971. Fue el segundo escritor chileno así galardonado. Gabriela Mistral recibió el Premio Nóbel en 1947.

Maru: Ah, sí, ahora me acuerdo. ¿Y no murió poco después?

José Luis: Sí, en 1973, trece días después de la caída del gobierno de su amigo Salvador Allende.

Maru: Ya que sabes tanto, ¿por qué no me ayudas a escribir este ensayo sobre la poesía chilena contemporánea?

Escucha una vez más para verificar tus respuestas.

(Repeat passage)

I. Gente del Mundo 21

Un pintor chileno. Escucha lo que dicen una madre y su hija después de asistir a la apertura de la exhibición de Roberto Matta, uno de los pintores chilenos más importantes del mundo del arte contemporáneo. Luego, escoge la respuesta que complete mejor cada oración.

Hija: Mamá, ¿qué te parecieron los cuadros de Roberto Matta?

Madre: Pues hija, yo no sé mucho de arte y realmente no me siento calificada para opinar.

Hija: Mamá, no seas tímida, yo sé que tú siempre tienes opiniones sobre lo que ves y oyes.

Madre: Pues, me parece que en uno de sus cuadros hubo una... este... una explosión de colores...

Hija: ¡Bravo! ¿Ves que sí eres una buena crítica de arte?

Madre: ¿Pero de dónde es ese pintor?

Hija: Es chileno de ascendencia vasca. Nació en 1922 en Santiago. Terminó la carrera de arquitectura y de 1934 a 1935 trabajó en Francia con el famoso arquitecto Le Corbusier.

Madre: Ah, entonces es arquitecto y no pintor.

Hija: Deja que te explique, mamá. Comenzó a pintar en 1938 uniéndose al movimiento surrealista centrado en París. Después emigró a Nueva York durante la Segunda Guerra Mundial. Tuvo un gran impacto en el desarrollo del expresionismo abstracto en EE.UU. Se le considera el máximo exponente del surrealismo latinoamericano.

Madre: Entonces, más que representar al mundo como lo vemos, intenta interpretarlo como lo sentimos y lo soñamos.

Hija: ¡Exactamente, mamá! Tú deberías dar clases de crítica de arte en la universidad. ¡Sabes más que muchos de mis profesores!

Escucha una vez más para verificar tus respuestas.

(Repeat passage)

I. Comprensión oral

La integración del mundo hispano. Escucha lo que dicen dos comentaristas de radio sobre la realidad política del mundo hispano. Luego, escoge la respuesta que complete mejor cada oración.

Luis: De Cartagena de Indias, Colombia, en donde en estos días de junio de 1994 se está realizando la cuarta Cumbre Iberoamericana nos llega este reportaje.

Marta: Buenas tardes, Luis, y estimados radioescuchas. A esta cuarta Cumbre Iberoamericana que se está celebrando en Cartagena de Indias, Colombia, han sido invitados los gobernantes de veintiuna naciones iberoamericanas o sea, los dieciocho países latinoamericanos independientes de habla española más Brasil, España y Portugal.

Es importante señalar que los gobiernos democráticos han reemplazado a las dictaduras militares que hasta hace poco eran comunes en muchos países latinoamericanos. A esta cuarta Cumbre Iberoamericana, la gran mayoría de los gobernantes invitados representan sistemas democráticos, con la excepción de Fidel Castro de Cuba.

En vez de invertir en armamentos ultramodernos y en el mantenimiento de grandes ejércitos, los gobiernos democráticos de Latinoamérica, España y Portugual están más interesados en ampliar sus intercambios comerciales y relaciones multilaterales a todos los niveles. Estas relaciones entre los países podrían llevar en el futuro al establecimiento de una Comunidad Iberoamericana parecida a la Comunidad Económica Europea que luego se convirtió en la Unión Europea.

Los países que forman el llamado Grupo de los Tres – México, Colombia y Venezuela – han firmado un tratado de libre comercio que luego podría incluir a otros países del hemisferio. Por otro lado, Chile parece perfilarse como el primer país sudamericano que entrará en el Tratado de Libre Comercio de Norteamérica puesto en vigencia el primero de enero de 1992 por Canadá, EE.UU. y México. La unión de las economías del mundo hispano se ha convertido en un tema que reaparece constantemente en esta cuarta Cumbre Iberoamericana.

Escucha una vez más para verificar tus respuestas.

(Repeat passage)

Lección preliminar

I. Gente del Mundo 21

1. c   **2.** b   **3.** c   **4.** c   **5.** a

II. Historia y cultura

1. c   **2.** a   **3.** b   **4.** a   **5.** c
6. b   **7.** a   **8.** c   **9.** b   **10.** a

III. Estructura en contexto

A
1. monumentos	**2.** centros
3. restaurantes	**4.** bares
5. cafés	**6.** clubes
7. librerías	**8.** salas
9. locales	**10.** tiendas
11. salones	**12.** lugares

B
1. un	**2.** X
3. X	**4.** el
5. X	**6.** X
7. el	**8.** del

C
1. asiste	**2.** Estudia
3. desea	**4.** pasa
5. vive	**6.** Habla
7. llama	**8.** visita
9. tiene	**10.** teme

IV. Lectura

1. C   **2.** F   **3.** C   **4.** F   **5.** C

Unidad 1 — Lección 1

I. Gente del Mundo 21

1. c   **2.** c   **3.** a   **4.** b   **5.** a

II. Historia y cultura

1. c   **2.** b   **3.** c   **4.** b
5. a   **6.** a   **7.** b   **8.** c

III. Estructura en contexto

A
1. decepcionado	**2.** molesta
3. enfadadas	**4.** indignados
5. furiosos	

B
1. está	**2.** Son
3. está	**4.** es
5. es	**6.** está

C
1. es	**2.** está
3. Es	**4.** está
5. Está	**6.** es
7. es	**8.** son

IV. Lectura

1. F   **2.** F   **3.** C   **4.** F   **5.** F

Unidad 1
Lección 2

I. Gente del Mundo 21

1. b   **2.** b   **3.** c   **4.** a   **5.** b

II. Historia y cultura

1. b   **2.** c   **3.** a   **4.** c

5. b   **6.** c   **7.** a   **8.** b

III. Estructura en contexto

A

1. sugiere   **2.** recomiendo

3. viene   **4.** incluye

5. Puede   **6.** traigo

B

1. prefiero   **2.** quiero

3. recomiendo   **4.** repito

5. pienso   **6.** podemos

7. dicen   **8.** propongo

IV. Lectura

1. F   **2.** C   **3.** F   **4.** C   **5.** F

Unidad 1
Lección 3

I. Gente del Mundo 21

1. b   **2.** b   **3.** c   **4.** c   **5.** a

II. Historia y cultura

1. a   **2.** c   **3.** b   **4.** b

5. c   **6.** b   **7.** a

III. Estructura en contexto

A

1. ¿Historia? Ese curso es entretenido.

2. ¿Matemáticas? Esta asignatura es muy rigurosa.

3. ¿Química? Ese curso es interesante.

4. ¿Filosofía? Esa disciplina es muy profunda.

5. ¿Biología y química? Estos cursos son magníficos.

B

1. tan grande como

2. tantas habitaciones como

3. más económico que

4. tantos atractivos como

5. menos canales de televisión que

6. menos caro que

7. más grande que

IV. Lectura

1. F   **2.** F   **3.** C

4. C   **5.** C   **6.** F

Unidad 1
Examen

I. Gente del Mundo 21

1. c   **2.** b   **3.** a   **4.** c   **5.** c   **6.** a

II. Historia y cultura

1. b   **2.** b   **3.** c   **4.** b

5. a   **6.** a   **7.** b   **8.** c

III. Estructura en contexto

A

1. Gabriela está cansada.

2. Víctor está triste.

3. Las hermanas Vega están deprimidas.

4. Inés y Manolo están apenados.

5. Quico y Beto están entusiasmados.

B 1. es   2. está   3. Es

4. es   5. está

C 1. Piensas   2. Puedo

3. comienza   4. Te sientes

5. Se divierte

D 1. voy   2. Vienes

3. Supongo   4. dices

5. Estoy   6. puedo

7. agradezco   8. hacemos

9. Sé   10. propongo

E 1. Trabajo tantas horas por semana como antes.

2. Gano más dólares por hora que antes.

3. Llego a casa más temprano que antes.

4. El nuevo trabajo está menos lejos de casa que el antiguo.

5. El nuevo trabajo es tan interesante como el antiguo.

IV. Lectura

1. F   2. C   3. C

4. F   5. C   6. F

Unidad 2
Lección 1

I. Gente del Mundo 21

1. b   2. b   3. c   4. a   5. c

II. Historia y cultura

1. a   2. a   3. c   4. c

5. b   6. a   7. c   8. a

III. Estructura en contexto

A 1. pasó   2. establecieron

3. Fundaron   4. construyeron

5. Llamaron   6. se transformó

7. entró

B 1. Sí, las miré. (No, no las miré.)

2. Sí, se lo mencioné. (No, no se lo mencioné.)

3. Sí, pude verla / la pude ver. (No, no pude verla / no la pude ver.)

4. Sí, las miré. (No, no las miré.)

5. Sí, se lo recomendé. (No, no se lo recomendé.)

C 1. Los musulmanes invadieron Hispania.

2. Los musulmanes respetaron a los cristianos.

3. Los musulmanes desarrollaron las ciencias.

4. Los cristianos iniciaron la Reconquista.

5. Los cristianos recuperaron algunos territorios.

IV. Lectura

1. C   2. F   3. C   4. F   5. C

Unidad 2
Lección 2

I. Gente del Mundo 21

1. b   2. c   3. c   4. b   5. c

II. Historia y cultura

1. b   2. c   3. b   4. a

5. b   6. b   7. a

III. Estructura en contexto

A
1. tuvimos
2. sentimos
3. vimos
4. Salimos
5. permanecimos
6. terminó
7. dio
8. fue
9. duró
10. causó

B
1. A Marisol le gustan los cuadros del Renacimiento.
2. A Wilfredo y a Gustavo les Agrada el arte abstracto.
3. A mis padres les interesa el arte realista.
4. A nosotros nos encanta el cubismo.
5. A mi profesora de arte le entusiasman los cuadros de Velázquez.

IV. Lectura

1. F   2. F   3. C   4. C   5. F

Unidad 2 Lección 3

I. Gente del Mundo 21

1. a   2. b   3. b   4. c   5. c

II. Historia y cultura

1. b   2. b   3. c   4. a   5. b

III. Estructura en contexto

A
1. estaba
2. se miraban
3. se sonreían
4. podía
5. estaban
6. era
7. me sentía

B
1. de
2. a
3. con
4. X
5. a
6. de
7. X

IV. Lectura

1. F   2. C   3. F
4. F   5. C   6. C

Unidad 2 Examen

I. Gente del Mundo 21

1. a   2. c   3. a   4. c   5. b

II. Historia y cultura

1. c   2. b   3. a   4. c   5. c
6. a   7. c   8. a   9. c

III. Estructura en contexto

A
1. Rubén leyó una novela histórica.
2. Mónica durmió toda la tarde.
3. Jaime vino a mi casa a escuchar música.
4. Susana hizo la tarea por la mañana.
5. Yo fui a un concierto y llegué atrasado.

B
1. vivía
2. quedaba
3. era
4. tenía
5. corría
6. terminaba
7. íbamos
8. Nos bañábamos
9. tomábamos
10. charlábamos

C
1. Sí, las probé. (No, no las probé.)
2. Sí, los visité. (No, no los visité.)
3. Sí, pude visitarlo / lo pude visitar. (No, no pude visitarlo / no lo pude visitar.)
4. Sí, las admiré. (No, no las admiré.)
5. Sí, se los traje. (No, no se los traje.)

D
1. A mi hermano le gusta coleccionar sellos.
2. A mi abuelo le encanta la música clásica.
3. A mi hermanita le fascinan las muñecas que hablan.
4. A mis padres les atraen los coches antiguos.
5. A mi prima le entusiasman los collares de perlas.

E
1. Observo al público.
2. Aprecio la música.
3. Leo el programa.
4. Aplaudo a los artistas.
5. Acompaño al cantante en voz baja.

IV. Lectura

1. C   2. C   3. F
4. F   5. C   6. F

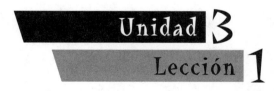

I. Gente del Mundo 21

1. a   2. c   3. b   4. c   5. c

II. Historia y cultura

1. a   2. b   3. a   4. b
5. b   6. b   7. a   8. b

III. Estructura en contexto

A
1. Era   2. Hacía
3. hacía   4. Había
5. decidimos   6. Salimos
7. esquiamos   8. disfrutamos
9. Estábamos   10. llegó

B
1. salía   2. se manchaba
3. sintió   4. tocó
5. creía   6. era
7. se sentó   8. cubrió
9. llamó   10. recomendó
11. regresó   12. estaba

C
1. Sus padres viven en Colorado; los míos viven en Texas.
2. Su madre es profesora; la mía es empleada de banco.
3. Su padre trabaja para una gran empresa; el mío trabaja por cuenta propia.
4. Su hermanita está en quinto grado; el mía está en sexto grade.
5. Su hermano mayor va a asistir a la universidad; el mío está en la universidad.

IV. Lectura

1. C   2. F   3. C   4 .C   5. F

I. Gente del Mundo 21

1. c   2. b   3. c   4. a   5. c

II. Historia y cultura

1. c   **2.** b   **3.** b   **4.** a   **5.** c
6. b   **7.** c   **8.** b   **9.** b

III. Estructura en contexto

A
1. No, no quiero comer nada.
2. No, no quiero escuchar ninguna. (or *ninguna canción*)
3. No, no quiero mirar ningún programa. (or *ninguno*)
4. No, no deseo jugar con ningún amigo. (or *con ninguno* or *con nadie*)
5. No, no deseo ir ni al cine ni a un concierto.

B
1. pasé	**2.** era
3. asistía	**4.** estudiaba
5. salía	**6.** veía
7. iba	**8.** aprendí
9. me hice	**10.** me divertí

C
1. invité	**2.** quería
3. escogí	**4.** había
5. Pedimos	**6.** trajo
7. estaba	**8.** Busqué
9. me di	**10.** Me puse
11. tenía	**12.** pagó

IV. Lectura

1. C   **2.** F   **3.** F   **4.** F   **5.** C

Unidad 3
Lección 3

I. Gente del Mundo 21

1. c   **2.** b   **3.** c   **4.** b   **5.** a

II. Historia y cultura

1. a   **2.** c   **3.** c   **4.** a   **5.** c

III. Estructura en contexto

A
1. para	**2.** Por
3. por	**4.** Para
5. por	**6.** por
7. por	**8.** para
9. para	

B
1. por	**2.** por
3. por	**4.** para
5. para	**6.** por
7. por	**8.** para

IV. Lectura

1. C   **2.** C   **3.** F
4. C   **5.** F   **6.** C

Unidad 3
Examen

I. Gente del Mundo 21

1. a   **2.** c   **3.** b   **4.** c   **5.** b

II. Historia y cultura

1. c   **2.** b   **3.** c   **4.** b   **5.** a
6. c   **7.** a   **8.** c   **9.** c   **10.** b

III. Estructura en contexto

A
1. pasé	**2.** Viví
3. quedaba	**4.** me divertí
5. hacía	**6.** estaba

7. había

8. era

9. se lanzó

10. salió

11. trató

12. pudo

13. era

14. lograron

15. terminó

B 1. ¿Cuál es la música favorita de Carlos? La música favorita suya (de él) es el jazz. La mía es el rock.

2. ¿Cuál es la clase favorita de Miguel y Javier? La clase favorita suya (de ellos) es biología. La tuya es historia.

3. ¿Cuál es el plato mexicano favorito de Carmen? El plato mexicano favorito suyo (de ella) son los tamales. El suyo (el de Uds.) son las enchiladas.

4. ¿Cuáles son los programas favoritos de Sofía? Los programas favoritos suyos (de ella) son las comedias. Los nuestros son los noticiarios.

5. ¿Cuál es el pasatiempo favorito de Arturo? El pasatiempo favorito suyo (de él) es coleccionar monedas. El mío es coleccionar sellos.

C 1. Algunos

2. ninguna

3. ni

4. ni

5. Nunca

6. nada

D 1. por

2. por

3. por

4. para

5. por

6. para

7. por

8. para

IV. Lectura

1. C

2. F

3. F

4. F

5. C

6. C

Unidad 4
Lección 1

I. Gente del Mundo 21

1. a

2. a

3. c

4. b

5. c

II. Historia y cultura

1. a

2. c

3. a

4. a

5. c

6. b

7. a

8. c

III. Estructura en contexto

A 1. fabricado

2. construido

3. manejado

4. equipado

5. recomendado

B 1. En 1898, según EE.UU., el barco estadounidense *Maine* fue destruido por los españoles.

2. España fue atacada por Estados Unidos.

3. La armada española fue derrotada por la armada estadounidense.

4. A fines de ese año, el Tratado de París fue firmado por Estados Unidos y España.

5. Según ese tratado, Puerto Rico y otros territorios fueron cedidos a Estados Unidos por España.

6. A partir de esa fecha, Cuba fue dominada por Estados Unidos.

C 1. ¿Dónde se cambian los cheques de viajero?

2. ¿Dónde se toma el tren?

3. ¿Dónde se venden rollos de película?

4. ¿Dónde se compra el periódico?

5. ¿Dónde se consiguen mapas de la zona?

IV. Lectura

1. F **2.** F **3.** C **4.** C **5.** F **6.** C

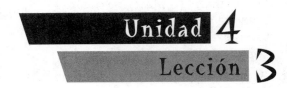

Unidad 4

Lección 2

I. Gente del Mundo 21

1. c **2.** a **3.** a **4.** b **5.** c

II. Historia y cultura

1. c **2.** c **3.** a **4.** c
5. b **6.** a **7.** c **8.** b

III. Estructura en contexto

A **1.** Es necesario que leamos las lecturas.

2. Es necesario que no hablemos todos a la vez.

3. Es necesario que no hagamos demasiado ruido.

4. Es necesario que traigamos las tareas hechas todos los días.

5. Es necesario que pongamos atención en clase.

6. Es necesario que sepamos los verbos irregulares.

7. Es necesario que escribamos composiciones.

B **1.** Decidan qué tipo de trabajo les interesa.

2. Lean las ofertas de empleo en el periódico.

3. Vayan a algunas agencias de empleo.

4. Comuníquense con el jefe de personal de las compañías que les interesan.

5. Vístanse con esmero para las entrevistas.

C **1.** Pon un aviso en el periódico.

2. Diles a tus amigos que tu coche está en venta.

3. Lávalo y límpialo bien por dentro y por fuera.

4. No lo vendas demasiado caro ni demasiado barato.

5. No aceptes ningún cheque personal.

IV. Lectura

1. C **2.** F **3.** C **4.** F **5.** F

Unidad 4

Lección 3

I. Gente del Mundo 21

1. c **2.** a **3.** b **4.** a **5.** c

II. Historia y cultura

1. a **2.** b **3.** a **4.** b **5.** b
6. a **7.** b **8.** c **9.** c

III. Estructura en contexto

A **1.** se reduzca **2.** se conserve
3. se diversifique **4.** se mantengan
5. sea **6.** mueran

B **1.** hagamos **2.** llegue
3. trabaje **4.** sean
5. resolvamos

C **1.** Es malo que Puerto Rico no tenga mucha tierra cultivable.

2. Me parece que el español es una lengua oficial.

3. Dudo que los puertorriqueños tengan los mismos derechos que los ciudadanos de los Estados Unidos.

4. Creo que un gobernador administra la Isla.

5. Es sorprendente que los puertorriqueños tengan que hacer el servicio militar como los ciudadanos estadounidenses.

IV. Lectura

1. C **2.** F **3.** F
4. C **5.** F **6.** C

Unidad 4
Examen

I. Gente del Mundo 21

1. c **2.** a **3.** b
4. a **5.** c **6.** c

II. Historia y cultura

1. a **2.** c **3.** b **4.** b **5.** a
6. b **7.** c **8.** b **9.** c **10.** c

III. Estructura en contexto

A
1. Los dominicanos pobres son ayudados por Juan Luis Guerra.

2. Este cantante dominicano es conocido por muchos latinoamericanos.

3. Millones de discos son vendidos por este cantante.

4. Algunas canciones para el álbum *Ojalá que llueva café* fueron grabadas por Juan Luis Guerra.

5. Poetas como Federico García Lorca y Pablo Neruda son admirados por Juan Luis Guerra.

6. En el desarrollo de la música caribeña, la salsa fue precedida por el merengue.

B
1. Se escucha música.

2. Se sale con los amigos.

3. Se baila en las discotecas.

4. Se organiza una fiesta.

5. Se hacen excursiones.

6. Se visitan museos.

C
1. Es importante que llenemos el tanque de gasolina del coche.

2. Es necesario que pongamos agua limpia en la bañera.

3. Es bueno que congelemos botellas de agua.

4. Es importante que sepamos dónde está la linterna.

5. Es necesario que tengamos un radio en buenas condiciones.

6. Es importante que preparemos comida para varios días.

D
1. termine **2.** no regreso
3. asista **4.** estudie
5. tengo **6.** esté
7. voy

E
1. Háganse **2.** suban
3. Coman **4.** Sigan
5. consuman **6.** Hagan

F
1. Habla **2.** Pídeles
3. Lee **4.** Haz
5. Reúnete

IV. Lectura

1. F **2.** C **3.** F
4. F **5.** F **6.** C

Unidades 1-4
Examen final

I. Comprensión oral

1. b   **2.** a   **3.** c
4. b   **5.** a   **6.** c

II. Gente del Mundo 21

1. a   **2.** c   **3.** b   **4.** c   **5.** b
6. a   **7.** b   **8.** a   **9.** c

III. Del pasado al presente

1. b   **2.** a   **3.** a   **4.** c   **5.** b
6. b   **7.** a   **8.** a   **9.** c   **10.** b
11. c   **12.** c   **13.** c   **14.** b   **15.** a
16. b   **17.** b

IV. Estructura

A
1. creo   **2.** tenga
3. Me levanto   **4.** me ducho
5. me arreglo   **6.** salgo
7. Es   **8.** salga
9. Dudo   **10.** sea
11. saco   **12.** sorprende
13. guste   **14.** dicen
15. es

B
1. es   **2.** estoy
3. pasé   **4.** es
5. está   **6.** Fui
7. quería   **8.** Hice
9. di   **10.** fui
11. compré   **12.** Visité
13. estaba   **14.** Creo
15. fue

Unidad 5
Lección 1

I. Gente del Mundo 21

1. b   **2.** c   **3.** c   **4.** a   **5.** c

II. Historia y cultura

1. c   **2.** c   **3.** c   **4.** a
5. c   **6.** b   **7.** c   **8.** b

III. Estructura en contexto

A
1. Un partido político que ha prometido hacer reformas sociales es el Partido Demócrata Cristiano (PDC).
2. El PDC salvadoreño, cuyo fundador fue José Napoleón Duarte, fue creado en 1960.
3. José Napoleón Duarte, quien llegó a ser presidente de la república, fue un miembro distinguido del PDC.
4. El PDC perdió las elecciones que se celebraron en 1989.
5. El candidato a quien eligió el pueblo salvadoreño en 1989 fue Alfredo Cristiani.

B
1. que   **2.** que
3. que (los cuales, quienes)
4. cuya
5. que (los cuales)   **6.** las cuales

C
1. tengo   **2.** requiere
3. cansa   **4.** sea
5. pague   **6.** permita

IV. Lectura

1. F   **2.** C   **3.** C   **4.** F   **5.** F

Unidad 5
Lección 2

I. Gente del Mundo 21

1. c   **2.** b   **3.** a   **4.** c   **5.** b

II. Historia y cultura

1. c   **2.** a   **3.** c   **4.** a   **5.** c
6. b   **7.** a   **8.** b   **9.** b   **10.** a

III. Estructura en contexto

A
1. salgan   **2.** interesa
3. se vaya   **4.** conozco
5. saque

B
1. debo   **2.** decidan
3. puedan   **4.** invitan
5. consiga

IV. Lectura

1. F   **2.** C   **3.** C   **4.** C   **5.** F

Unidad 5
Lección 3

I. Gente del Mundo 21

1. b   **2.** a   **3.** c   **4.** b   **5.** b

II. Historia y cultura

1. b   **2.** b   **3.** a   **4.** b
5. b   **6.** a   **7.** b   **8.** c

III. Estructura en contexto

A
1. lleguemos   **2.** armemos
3. terminemos   **4.** nos cansemos
5. salgamos

B
1. gustaba   **2.** decidí
3. cogí   **4.** dejé
5. viaje   **6.** llegan
7. vea

IV. Lectura

1. C   **2.** F   **3.** F   **4.** C   **5.** C

Unidad 5
Examen

I. Gente del Mundo 21

1. a   **2.** b   **3.** c   **4.** c   **5.** a

II. Historia y cultura

1. c   **2.** b   **3.** c   **4.** b   **5.** c
6. a   **7.** b   **8.** b   **9.** a   **10.** c

III. Estructura en contexto

A
1. cuyos   **2.** que
3. la cual   **4.** que
5. quienes   **6.** que
7. que

B
1. llevo; pueda   **2.** haga; tengo
3. se pone; se parezcan
4. sean; usan

C 1. tengo   2. tenga
3. mejoren   4. necesitemos
5. tengo   6. dedique

D 1. veo   2. termines
3. hagas   4. agrada
5. vuelvas   6. trabajo
7. cortes   8. quieras

IV. Lectura

1. F   2. F   3. C   4. F   5. C

Unidad 6
Lección 1

I. Gente del Mundo 21

1. b   2. a   3. c
4. c   5. c   6. b

II. Historia y cultura

1. b   2. c   3. a   4. b   5. a
6. c   7. b   8. c   9. c   10. a

III. Estructura en contexto

A 1. [*Nombre*] será ejecutivo(a) de una gran empresa.
2. [*Nombre*] vivirá en el extranjero.
3. [*Nombres*] estarán casados y tendrán dos hijos.
4. [*Nombre*] jugará fútbol en un club profesional.
5. [*Nombre*] ejercerá la profesión de abogado.
6. [*Nombre*] querrá presentarse como candidato(a) a diputado(a) o senador(a).

7. [*Nombres*] tendrán cuatro hijos y una casa en el campo.
8. [*Nombres*] dirigirán películas en Hollywood.

B 1. ¿Será un objeto de otro país?
2. ¿Podrá comerse?
3. ¿Valdrá mucho dinero?
4. ¿Estará hecho de plástico?
5. ¿Se comprará en las tiendas?

IV. Lectura

1. F   2. F   3. C
4. F   5. F   6. C

Unidad 6
Lección 2

I. Gente del Mundo 21

1. b   2. a   3. c   4. b   5. b

II. Historia y cultura

1. a   2. b   3. c   4. a   5. c
6. b   7. c   8. a   9. b   10. c

III. Estructura en contexto

A 1. mejorarían   2. valdría
3. recobraría   4. ganarían
5. tendría   6. Habría

B 1. cobraría   2. podríamos
3. vendría   4. llegaría
5. interpretaría   6. quedaríamos

C 1. Andaría 2. Estaría
  3. querría 4. Sería
  5. Tendría

IV. Lectura

1. C **2.** C **3.** F **4.** F **5.** C

Unidad 6
Lección 3

I. Gente del Mundo 21

1. a **2.** c **3.** b
4. c **5.** a **6.** b

II. Historia y cultura

1. c **2.** b **3.** c **4.** a **5.** b
6. c **7.** a **8.** b **9.** c **10.** a

III. Estructura en contexto

A 1. permaneciera 2. hiciera
  3. fuera 4. probara
  5. incluyera

B 1. estuviera / iría
  2. pudiera / saldría
  3. tuviera / asistiría
  4. llegara / vería
  5. terminara / tomaría

IV. Lectura

1. C **2.** F **3.** C
4. F **5.** C **6.** C

Unidad 6
Examen

I. Gente del Mundo 21

1. b **2.** a **3.** b **4.** c **5.** a

II. Historia y cultura

1. a **2.** c **3.** a **4.** a **5.** c
6. b **7.** a **8.** b **9.** a **10.** a

III. Estructura en contexto

A 1. sufrirá 2. tendrá
  3. harán 4. se casarán
  5. vendrán

B 1. Será 2. Contendrá
  3. Habrá 4. Pertenecerá
  5. Dirá

C 1. desaparecerían 2. tendría
  3. Nos comunicaríamos
  4. aumentaría 5. podríamos

D 1. gustaría 2. Preferiría
  3. Querría 4. debería
  5. podría

E 1. estuviera / montaría
  2. fuera / pasaría
  3. fuera / pescaría
  4. pudiera / haría
  5. tuviera / inventaría

IV. Lectura

1. F **2.** F **3.** C
4. C **5.** F **6.** C

Unidad 7
Lección 1

I. Gente del Mundo 21

1. b   **2.** c   **3.** c   **4.** c   **5.** a

II. Historia y cultura

1. c   **2.** a   **3.** c   **4.** b   **5.** c
6. b   **7.** c   **8.** c   **9.** b   **10.** a

III. Estructura en contexto

A   **1.** volvieran   **2.** hicieran
        3. conversaran   **4.** dijeran
        5. regresaran

B   **1.** era   **2.** perseguían
        3. dieran   **4.** pudieran
        5. deseaban

C   **1.** desconocían   **2.** se preocupaban
        3. atendían   **4.** comprendieran
        5. propusieran   **6.** apoyaran

IV. Lectura

1. C   **2.** F   **3.** C   **4.** F   **5.** C

Unidad 7
Lección 2

I. Gente del Mundo 21

1. b   **2.** b   **3.** c   **4.** a   **5.** b

II. Historia y cultura

1. c   **2.** a   **3.** b   **4.** c   **5.** b
6. c   **7.** a   **8.** c   **9.** b   **10.** c

III. Estructura en contexto

A   **1.** se hiciera   **2.** subiera
        3. surgieran   **4.** desapareciera
        5. saliera

B   **1.** estuviera   **2.** subieran
        3. hiciera   **4.** supiera
        5. tenía   **6.** era

IV. Lectura

1. F   **2.** C   **3.** C
4. F   **5.** C   **6.** F

Unidad 7
Lección 3

I. Gente del Mundo 21

1. a   **2.** c   **3.** a
4. c   **5.** b   **6.** b

II. Historia y cultura

1. c   **2.** b   **3.** b   **4.** c   **5.** a
6. b   **7.** c   **8.** b   **9.** a   **10.** b

III. Estructura en contexto

A   **1.** Hemos hecho
        2. ha devuelto
        3. Hemos escrito

4. ha mostrado

5. Hemos leído

B **1.** hayas tenido   **2.** hayas perdido

3. te hayas caído   **4.** hayas roto

5. haya sido

C **1.** hayas podido   **2.** has hecho

3. hayas recibido   **4.** has visto

5. te hayas aburrido

IV. Lectura

1. C   **2.** C   **3.** F

4. F   **5.** C   **6.** C

Unidad **7**
Examen

I. Gente del Mundo 21

1. a   **2.** a   **3.** a   **4.** b   **5.** c

II. Historia y cultura

1. a   **2.** b   **3.** b   **4.** a   **5.** b

6. a   **7.** b   **8.** c   **9.** a   **10.** c

III. Estructura en contexto

A **1.** acabara   **2.** dejara

3. hiciera   **4.** volvieran

5. terminaran

B **1.** tratara   **2.** visitara

3. estuviera   **4.** eran

5. pasara   **6.** conocía

7. fuera

C **1.** fuera   **2.** costara

3. gustara   **4.** interesara

5. pareciera   **6.** interpretaba

D **1.** has recibido

2. hayas estudiado

3. hayas salido

4. ha sido

5. han suspendido

6. haya organizado

IV. Lectura

1. C   **2.** F   **3.** C

4. F   **5.** C   **6.** C

Unidad **8**
Lección **1**

I. Gente del Mundo 21

1. b   **2.** a   **3.** b   **4.** c   **5.** c

II. Historia y cultura

1. c   **2.** b   **3.** a   **4.** a   **5.** b

6. b   **7.** c   **8.** b   **9.** c   **10.** c

III. Estructura en contexto

A **1.** había despegado

2. había facturado

3. habían salido

4. había cambiado

5. se había despedido

B
1. hubieran ofrecido
2. hubieran dado
3. hubiera sido
4. hubiera aumentado
5. hubiera abierto

C
1. habrá conseguido
2. se habrán casado
3. habrá montado
4. habrá escrito
5. habrá cambiado

IV. Lectura

1. C   2. C   3. F
4. F   5. C   6. F

B
1. había conseguido
2. había resuelto
3. había hecho
4. había descubierto
5. había obtenido

C
1. serán   2. se convertirá
3. Habrá   4. tendrán
5. podremos

IV. Lectura

1. F   2. C   3. F
4. F   5. F   6. C

Unidad 8
Lección 2

I. Gente del Mundo 21

1. b   2. c   3. c   4. b   5. a

II. Historia y cultura

1. a   2. c   3. c   4. b   5. b
6. c   7. b   8. c   9. a   10. c

III. Estructura en contexto

A
1. leían   2. tenían
3. eran   4. escogían
5. veían

Unidad 8
Lección 3

I. Gente del Mundo 21

1. c   2. a   3. c
4. a   5. c   6. b

II. Historia y cultura

1. b   2. c   3. c   4. c   5. b
6. a   7. b   8. c   9. b   10. a

III. Estructura en contexto

A
1. dure
2. haya
3. se destruya
4. se industrialicen
5. aparezcan

B
1. haya vuelto
2. haya conseguido
3. haya decidido
4. se haya matriculado
5. hayan abierto

C
1. sube
2. devolviera
3. costara
4. continúan
5. hubiera habido

4. Habrá comenzado
5. habrá aumentado

C
1. hubiera perdido
2. se haya caído
3. hubiera chocado
4. hubiera tenido
5. hayan podido

D
1. hubiera sabido
2. diera
3. se enfada
4. ganara
5. presenta

IV. Lectura

1. C   2. F   3. F
4. C   5. C   6. C

IV. Lectura

1. C   2. C   3. F
4. C   5. F   6. C

Unidad 8
Examen

I. Gente del Mundo 21

1. a   2. b   3. b   4. c   5. b

II. Historia y cultura

1. a   2. b   3. c   4. b   5. b
6. c   7. b   8. b   9. a   10. b

III. Estructura en contexto

A
1. había empezado
2. se habían sentado
3. había devuelto
4. había corregido
5. habían hecho

B
1. habrá devaluado
2. habrán resuelto
3. habrá renegociado

Unidades 5–8
Examen final

I. Comprensión oral

1. c   2. b   3. a
4. b   5. b   6. c

II. Gente del Mundo 21

1. c   2. c   3. a   4. b   5. b
6. c   7. a   8. a   9. c   10. b
11. c   12. a   13. c   14. b   15. b

III. Del pasado al presente

1. b   2. b   3. c   4. a   5. b
6. a   7. c   8. c   9. b   10. a
11. a   12. c   13. b   14. a   15. b
16. c   17. c   18. a   19. b   20. a
21. c   22. c   23. b   24. b

IV. Estructura

A

1. había imaginado
2. Llegué
3. haya acostumbrado
4. haya
5. hay
6. hubiera
7. vayan
8. empleo
9. he tenido
10. he visitado
11. he entendido
12. hablaran

B

1. había regresado
2. era
3. tuve
4. habría
5. vi
6. iba
7. había cambiado
8. estaba
9. encontré
10. hubiera desaparecido
11. habría pedido
12. reconocí
13. había convertido
14. vivía
15. hubiera desaparecido

I.   Gente del Mundo 21

Una estrella cubanoamericana. Escucha lo que dicen dos amigas cubanoamericanas de Miami sobre una de las cantantes latinas más populares en EE.UU. Luego, escoge la respuesta que complete mejor cada oración. (5 puntos)

1. Gloria Estefan ha vivido casi toda su vida en _____ .

    a. Nueva York   **b.** Cuba   **c.** Miami

2. Su álbum titulado *Mi tierra* es un homenaje musical a _____ .

    a. Miami   **b.** Cuba   **c.** Puerto Rico

3. A los familiares de las dos amigas cubanoamericanas _____ .

    a. no les gusta la música de Gloria Estefan
    b. no les interesa la letra de *Mi tierra*
    c. les gusta mucho el álbum *Mi tierra*

4. Gloria Estefan escribe canciones _____ .

    a. sólo en español
    b. únicamente en inglés
    c. en inglés y en español

5. Cuando llegó a Miami de Cuba, Gloria Estefan tenía _____ .

    a. dieciséis meses   **b.** seis años   **c.** dieciséis años

II. Historia y cultura

El siguiente ejercicio comprueba si has comprendido la lectura **Del pasado al presente** y la **Ventana al Mundo 21** que aparecen en la Lección preliminar. Escoge la respuesta que complete mejor cada oración. (10 puntos)

1. El español se originó en una pequeña región de España llamada _____ .

    a. Cataluña   **b.** Galicia   **c.** Castilla

2. Se calcula que las personas que hablan español en el mundo son _____ .

    a. 360 millones   **b.** 260 millones   **c.** 100 millones

3. Las palabras chocolate, tomate y aguacate que hoy se usan en el español vienen del _____ .

    a. quechua   **b.** náhuatl   **c.** maya

4. A los méxicoamericanos también se les conoce como _____ .

    a. chicanos   **b.** gitanos   **c.** sureños

5. Pedro Almodóvar es un famoso director de cine _____ .

    a. argentino   **b.** cubano   **c.** español

6. Rigoberta Menchú quien recibió el Premio Nóbel de la Paz de 1992 es una indígena maya-quiché de _____ .

    a. México   **b.** Guatemala   **c.** Honduras

7. Las islas de Cuba, La Española y Puerto Rico están situadas en _____ .

    a. el mar Caribe
    b. el mar Mediterráneo
    c. el océano Pacífico

8. El escritor Gabriel García Márquez quien ganó el Premio Nóbel de Literatura en 1987 es de _____ .

    a. Venezuela   **b.** Chile   **c.** Colombia

9. La capital de Argentina es _____ .

    a. Montevideo   **b.** Buenos Aires   **c.** Mendoza

10. La mayoría de los paraguayos hablan no solamente el español sino también una lengua indígena que se llama _____ .

    a. guaraní   **b.** aymara   **c.** quechua

III.   Estructura en contexto

A   **La Pequeña Habana.** Para saber algo acerca de un barrio hispano de Miami completa el siguiente texto con la forma plural de las palabras que aparecen entre paréntesis. (3 puntos-1/4 c.u.)

Si caminas por la Pequeña Habana, puedes ver _____

(1. monumento) históricos, _____ (2. centro) culturales,

_____ (3. restaurante) típicos, _____ (4. bar),

_____ (5. café), _____ (6. club) nocturnos,

_____ (7. librería), _____ (8. sala) de

espectáculos, _____ (9. local) comerciales, _____

(10. tienda) diversas, _____ (11. salón) de cine, y otros

_____ (12. lugar) de exhibición.

B   **Carlos Fuentes.** Completa el siguiente texto con el artículo definido o indefinido apropiado. Escribe "X" si no se necesita ningún artículo. Presta atención a la contracción del artículo definido. (2 puntos-1/4 c.u.)

Carlos Fuentes es _____ (1) importante escritor mexicano

contemporáneo. Ha escrito _____ (2) novelas y

_____ (3) ensayos. Ha sido _____ (4) embajador

de _____ (5) México en _____ (6) Francia y

también profesor en Oxford y Harvard. En estos momentos, es

seguramente _____ (7) novelista mexicano más famoso

dentro y fuera de _____ (8) mundo hispano.

C **Mi hermana.** Completa el siguiente texto con el presente de indicativo de los verbos que aparecen entre paréntesis. (10 puntos)

Mi hermana Carolina _____ (1. asistir) a la universidad.

_____ (2. Estudiar) en la Facultad de ingeniería porque

_____ (3. desear) ser ingeniera civil. No _____

(4. pasar) mucho tiempo con nosotros porque _____ (5. vivir)

en una residencia estudiantil. _____ (6. Hablar) de su nueva

vida con entusiasmo. Nos _____ (7. llamar) por teléfono con

frecuencia y nos _____ (8. visitar) de vez en cuando.

Pobrecita, ella _____ (9. tener) que estudiar mucho y

siempre _____ (10. temer) no tener tiempo para todo.

IV. Lectura

Los premios Nóbel

Los premios más prestigiosos del mundo se originaron con Alfredo Nóbel, industrial y químico sueco nacido en Estocolmo (1833-1896). Este científico, que fue inventor de la dinamita, ganó una gran fortuna con las patentes de sus inventos y sus pozos petroleros. En su testamento dejó su fortuna a la Fundación Nóbel para premiar cada año a las personas más destacadas en física, química, fisiología y medicina, literatura y la paz. Un premio adicional, en economía, fue establecido en 1968 por el Banco de Suecia y el primero se adjudicó en 1969. Todos los años, el 10 de diciembre, con motivo del aniversario de la muerte de Alfredo Nóbel, se adjudican cinco de los seis premios en Estocolmo, Suecia. El premio de la paz se otorga en Oslo, la capital de Noruega.

Cada premio Nóbel consta de una suma de dinero, que depende de la renta de la Fundación Nóbel, y es divisible, a lo más, entre tres candidatos. El galardonado también recibe un diploma y una medalla de oro. Los premios Nóbel se adjudican a individuos, salvo el de la paz, que puede ser recibido por una institución.

Los premios Nóbel. Indica si los siguientes comentarios son ciertos o falsos. (5 puntos)

C   F   **1.** Alfredo Nóbel fue un científico sueco que inventó la dinamita.

C   F   **2.** Entre los premios Nóbel que concede la Fundación Nóbel se encuentra el Premio Nóbel de Música.

C   F   **3.** El premio Nóbel de Economía se concedió por primera vez en 1969 y cada año se entrega en Oslo, capital de Noruega.

C   F   **4.** Los premios Nóbel se adjudican el 10 de diciembre de cada año, en el aniversario del nacimiento de Alfredo Nóbel.

C   F   **5.** Además de una suma de dinero y un diploma, los galardonados del premio Nóbel reciben una medalla de oro.

V. Composición

Una cultura compleja. Escribe una composición sobre los diferentes pueblos y culturas que según Carlos Fuentes han formado a los hispanoamericanos. Explica por qué Fuentes dice que en España y Latinoamérica se han mezclado muchas culturas. ¿Qué te parece esta idea de Fuentes: "cuando excluimos nos traicionamos" y "cuando incluimos nos enriquecemos y nos encontramos a nosotros mismos?" (15 puntos)

_____

_____

_____

_____

_____

_____

_____

_____

_____

_____

_____

_____

_____

_____

_____

_____

_____

_____

_____

_____

_____

_____

_____

Nombre _____

Fecha _____

I. Gente del Mundo 21

Presentación de Luis Valdez. Escucha lo que dice un maestro de una escuela secundaria al presentar a Luis Valdez, una de las personalidades chicanas más famosas de EE.UU. Luego, escoge la respuesta que complete mejor cada oración. (5 puntos)

1. La presentación tiene lugar en una escuela de _____ .

    a. Los Ángeles   **b.** San Antonio   **c.** Chicago

2. El evento es parte de _____ .

    a. una celebración del 12 de octubre
    b. una clase de literatura norteamericana
    c. una semana cultural chicana

3. La película *Zoot Suit* tiene que ver con un proceso legal contra unos jóvenes pachucos y tiene lugar en la década de _____ .

    a. 1940   **b.** 1950   **c.** 1960

4. *La Bamba* es una película dirigida por Luis Valdez que _____ .

    a. es una versión en español de la famosa película titulada *Bambi*
    b. trata de la vida de un cantante chicano de los años 50
    c. presenta la tradición musical del corrido en EE.UU.

5. Luis Valdez fundó el Teatro Campesino en _____ .

    a. 1965   **b.** 1975   **c.** 1985

II. Historia y cultura

El siguiente ejercicio comprueba si has comprendido la lectura **Del pasado al presente** y las dos **Ventanas al Mundo 21** que aparecen en la Lección 1 de esta unidad. Escoge la respuesta que complete mejor cada oración. (8 puntos)

1. El grupo indígena que se consideraba originario de Aztlán, lugar que muchos dicen estaba en el suroeste de EE.UU., eran _____ .

   a. los mayas   **b.** los olmecas   **c.** los aztecas

2. El Tratado de Guadalupe-Hidalgo que terminó la guerra entre México y EE.UU. se firmó en _____ .

   a. 1748   **b.** 1848   **c.** 1948

3. Un estado que no formó parte del territorio original de México es _____ .

   a. Utah   **b.** Wyoming   **c.** Oregon

4. Se calcula que más de un millón de mexicanos llegaron a EE.UU. después de la Revolución Mexicana de _____ .

   a. 1810   **b.** 1910   **c.** 1935

5. El acuerdo con México para atraer a trabajadores agrícolas de ese país a EE.UU. entre 1942 y 1964 se llamaba _____ .

   a. el Programa de braceros
   b. la Alianza para el Progreso
   c. la Amnistía

6. La palabra "chicano" hace referencia a un origen _____ .

   a. indígena   **b.** hispano   **c.** español

7. El nombre de la organización cultural que se estableció en 1977 en San Francisco para servir a la comunidad latina de esa ciudad es _____ .

   a. el Centro Cultural de la Raza
   b. el Centro Cultural de la Misión
   c. La Raza/Galería Posada

8. ¿Qué conmemora la "Fiesta del Sol" que se celebra cada año en el barrio mexicano de Pilsen de Chicago?

   a. El inicio de la primavera.
   b. La Independencia Mexicana.
   c. Los esfuerzos comunitarios para establecer la Escuela Secundaria Benito Juárez.

III. Estructura en contexto

A **Una fiesta cancelada.** Tus amigos no están muy contentos cuando les dices que tienes que cancelar la fiesta programada para el fin de semana próximo. ¿Cómo se sienten? (5 puntos)

1. Felipe está _____. (decepcionado)

2. Raquel está _____. (molesto)

3. Rosa y Carolina están _____. (enfadado)

4. Pepe y Luis están _____. (indignado)

5. Teresa y Guillermo están _____. (furioso)

B **Atrasado otra vez.** Arturo y Elisa hablan de Daniel. ¿Qué dicen de él? Emplea el verbo **ser** o **estar.** (3 puntos)

Arturo: ¿Sabes dónde _____ (1) Daniel?

_____ (2) las tres y quince de la tarde y otra vez

_____ (3) atrasado.

Elisa: No te preocupes. Tú sabes que él no _____ (4)

muy puntual, pero _____ (5) cumplidor.

Supongo que _____ (6) en camino. En unos

minutos llega.

C **Una estudiante nueva.** Usa los verbos **ser** o **estar** en el presente para completar la información acerca de Alicia. (4 puntos)

Alicia _____ (1) de México, pero ahora

_____ (2) en nuestra ciudad. _____ (3)

una joven inteligente, dinámica y amistosa. Ahora

_____ (4) estudiando porque tiene un examen mañana.

_____ (5) nerviosa; _____ (6) un

examen de matemáticas y ella no _____ (7) muy buena

en matemáticas. Sabe que los exámenes de matemáticas siempre

_____ (8) muy difíciles.

IV. Lectura

Carmen Lomas Garza: artista inspirada en la familia

Carmen Lomas Garza es una de las primeras artistas chicanas que ha sido reconocida por el mundo artístico de EE.UU. Su arte ilumina principalmente escenas de la vida familiar de su niñez en Kingsville, un pequeño pueblo de Texas. A primera vista sus obras parecen ser representaciones sencillas, pero al observarlas con mayor atención, hasta en el menor detalle se puede apreciar la gran emoción y simpatía que siente la artista en representar la vida de sus familiares y de su comunidad.

En 1990 publicó un hermoso libro titulado *Family Pictures/Cuadros de familia*. "Los cuadros de este libro", escribe la artista en la introducción, "los pinté usando los recuerdos de mi niñez en Kingsville, cerca de la frontera con México. Desde pequeña, siempre soñé con ser artista. Dibujaba cada día; estudié arte en la escuela; y por fin, me hice artista. Mi familia me ha inspirado y alentado todos los años. Éste es mi libro de cuadros de familia". Desde hace aproximadamente veinte años, Carmen Lomas Garza vive dedicada a su arte en San Francisco, California.

Carmen Lomas Garza. Indica si los siguientes comentarios son ciertos o falsos. (5 puntos)

C   F   **1.** Carmen Lomas Garza es originaria de Nuevo México.

C   F   **2.** Las obras de Carmen Lomas Garza son muy sencillas y casi no tienen detalles.

C   F   **3.** Ella pintó *Cuadros de familia* usando los recuerdos de cuando era niña en Kingsville.

C   F   **4.** Cuando era niña, a Carmen Lomas Garza no le interesaba ni pintar ni dibujar.

C   F   **5.** Ella vive desde hace aproximadamente veinte años dedicada a su arte en Nueva York.

V. Composición

Los personajes. Haz una descripción detallada de uno de los personajes que aparecen en el cuento "Adolfo Miller" de Sabine Ulibarrí (ya sea el propio Adolfo Miller, don Anselmo, doña Francisquita, su hija Francisquita o Víctor). Imagina cómo serían estas personas. Describe sus características físicas y morales. (20 puntos)

_____
_____
_____
_____
_____
_____
_____
_____
_____
_____
_____
_____
_____
_____
_____
_____
_____
_____
_____
_____
_____
_____
_____

_____

_____

_____

_____

_____

_____

_____

_____

_____

_____

_____

_____

_____

_____

_____

_____

I.   Gente del Mundo 21

Una opinión sobre los candidatos. Escucha la opinión que una radioescucha puertorriqueña expresa en un programa de radio sobre los candidatos políticos de Nueva York. Luego, escoge la respuesta que complete mejor cada oración. (5 puntos)

1. La puertorriqueña que habla en el programa de radio nació y se crió en _____ .

    a. San Juan de   **b.** el Bronx   **c.** Manhattan
       Puerto Rico

2. Esta persona votó por Fernando Ferrer por primera vez en _____ .

    a. 1977   **b.** 1987   **c.** 1997

3. Ella afirma que Fernando Ferrer es la persona más joven que ha sido elegida _____ .

    a. congresista por un distrito de Nueva York
    b. senador estatal por un distrito de Brooklyn de Nueva York
    c. presidente del condado del Bronx

4. El distrito de mayor población hispana de la ciudad de Nueva York es _____ .

    a. el Bronx   **b.** Manhattan   **c.** Brooklyn

5. La puertorriqueña estima que Fernando Ferrer tiene todas las cualidades para ser _____ .

    a. el próximo gobernador de Nueva York
    b. el primer alcalde hispano de la ciudad de Nueva York
    c. el jefe de la policía de Nueva York

II. Historia y cultura

El siguiente ejercicio comprueba si has comprendido la lectura **Del pasado al presente** y las dos **Ventanas al Mundo 21** que aparecen en la Lección 2 de esta unidad. Escoge la respuesta que complete mejor cada oración. (8 puntos)

1. Más de ____ puertorriqueños han emigrado de la isla de Puerto Rico a EE.UU. desde la Segunda Guerra Mundial.

   a. 500.000   **b.** dos millones de   **c.** cuatro millones de

2. En EE.UU., la mayoría de los boricuas, otro nombre que se les da a los puertorriqueños, viven en ____ .

   a. la Florida   **b.** Illinois   **c.** Nueva York

3. En la ciudad de Nueva York residen ____ en San Juan, la capital de Puerto Rico.

   a. más boricuas que
   b. menos boricuas que
   c. casi tantos boricuas como

4. Puerto Rico pasó a ser territorio estadounidense en ____ .

   a. 1698   **b.** 1798   **c.** 1898

5. En ____ , los puertorriqueños recibieron la ciudadanía estadounidense.

   a. 1871   **b.** 1917   **c.** 1971

6. Tanto los puertorriqueños que viven en la isla de Puerto Rico como los que residen en el continente ____ .

   a. pueden votar en las elecciones presidenciales de EE.UU.
   b. tienen que pagar impuestos federales
   c. pueden ser llamados a servir en las fuerzas armadas de EE.UU.

7. Los Alomar, una familia puertorriqueña, son reconocidos como la primera familia del ____ .

   a. béisbol   **b.** fútbol   **c.** básquetbol

8. El Museo del Barrio está localizado en una avenida principal de ____ .

   a. Chicago   **b.** Nueva York   **c.** Boston

III. Estructura en contexto

A **En el restaurante.** Completa el siguiente diálogo entre un cliente y un camarero en un restaurante puertorriqueño. (6 puntos)

Cliente: ¿Qué me _____ (1. sugerir) usted hoy?

Camarero: Le _____ (2. recomendar) el arroz con pollo.

Cliente: ¿Qué más _____ (3. venir) con ese plato?

Camarero: Pues, el plato _____ (4. incluir) sopa o ensalada y luego postre y café.

Cliente: Voy a pedir el arroz con pollo. ¿_____ (5. Poder) traerme algo de beber antes? Cualquier refresco.

Camarero: Sí, cómo no. En seguida le _____ (6. traer) su refresco.

B **Una selección difícil.** Tú y tus amigos no pueden ponerse de acuerdo sobre qué película ver. ¿Qué dice cada uno? (8 puntos)

Eliana: Yo _____ (1. preferir) las películas de ciencia ficción.

Roberto: Yo _____ (2. querer) ver un film policial.

Lorena: Yo _____ (3. recomendar) ir al cine Colón. Tienen una película cómica muy buena.

Raúl: Te _____ (4. repetir) que no me gustan las películas cómicas. Son aburridísimas.

Tú: Yo _____ (5. pensar) que _____ (6. poder-nosotros) ver la película del cine Universo. Los críticos _____ (7. decir) cosas muy buenas acerca de ella.

Federico: Yo _____ (8. proponer) ir a ver una película de acción.

© D.C. Heath and Company

IV. Lectura

Miguel Algarín: fundador del *Nuyorican Poets' Café*

Miguel Algarín, uno de los poetas más reconocidos de Nueva York, nació en 1941 en Puerto Rico, aunque desde su niñez ha residido en EE.UU. Es profesor de literatura inglesa, especializado en William Shakespeare, en la Universidad de Rutgers. Ha publicado varios libros de poesía, entre ellos *On Call* (1980) y *Times's Now/Ya es tiempo* (1985). Junto con el poeta Miguel Piñero, publicó la primera antología de poetas puertorriqueños de Nueva York, *Nuyorican Poetry* (1975). También fundó el *Nuyorican Poets' Café,* un centro literario situado en la parte sur de Manhattan, que ha tenido un papel importante en la conservación y promoción de los valores culturales hispanos.

El *Café* tuvo sus inicios en 1973, cuando Algarín empezó a hacer lecturas de poesía en su casa. Para 1974, eran tantas las personas que asistían a las lecturas que tuvieron que trasladarse a un antiguo bar irlandés. La popularidad de las lecturas creció tanto que en 1978, Algarín compró el edificio donde hoy se encuentra el *Café.* "No estoy sorprendido, sino complacido", dice el robusto poeta. "La poesía es una tremenda necesidad humana. El *Café* nació de esta necesidad".

Adaptado de "El café de los poetas neoyorquinos"
por Elizabeth Hanly, *La familia de hoy.*

El poeta Miguel Algarín. Indica si los siguientes comentarios son ciertos o falsos. (5 puntos)

C F **1.** Es profesor de literatura hispanoamericana en la Universidad de Rutgers.

C F **2.** Junto con el poeta Miguel Piñero, publicó la primera antología de poetas puertorriqueños de Nueva York, *Nuyorican Poetry* (1975).

C F **3.** El *Café* tuvo sus inicios cuando el poeta organizó lecturas en la biblioteca pública local.

C F **4.** En 1978, Miguel Algarín compró el edificio donde está el *Café*.

C F **5.** Miguel Piñero dice que no está muy sorprendido del éxito del *Café* porque considera que la poesía es un lujo que pocas personas pueden darse.

V. Composición

El Desfile Anual Puertorriqueño. Acabas de asistir al Desfile Anual
Puertorriqueño de Nueva York y le escribes una breve carta a tu amiga
que vive en Bogotá, Colombia, describiéndole lo que más te gustó de este
evento. (18 points)

Querida amiga:

_____

_____

_____

_____

_____

_____

_____

_____

_____

_____

_____

_____

_____

_____

_____

_____

_____

_____

_____

_____

_____

_____

_____

_____

_____

_____

_____

_____

_____

_____

_____

_____

_____

_____

_____

_____

_____

_____

I.   Gente del Mundo 21

Opiniones. Escucha lo que dice esta pareja de cubanoamericanos en un parque de la Pequeña Habana de Miami. Hablan de las cualidades de un político cubanoamericano. Luego, escoge la respuesta que complete mejor cada oración. (5 puntos)

1. La señora de la conversación se hizo ciudadana de EE.UU. para _____ .

    a. no pagar impuestos
    b. que nadie le diga lo que tiene que hacer o pensar
    c. recibir beneficios

2. Tanto la señora como Xavier Suárez, el alcalde de Miami, nacieron en _____ .

    a. Tampa, Florida
    b. Las Villas, Cuba
    c. Miami, Florida

3. Xavier Suárez hizo en Harvard la carrera de _____ .

    a. médico   **b.** profesor   **c.** abogado

4. Fue elegido alcalde de Miami por primera vez en _____ .

    a. 1975   **b.** 1980   **c.** 1985

5. La pareja piensa que Xavier Suárez _____ .

    a. hace las cosas bien como alcalde
    b. no ha cumplido sus promesas como político
    c. no debe ser reelegido alcalde de Miami

II. Historia y cultura

El siguiente ejercicio comprueba si has comprendido la lectura **Del pasado al presente** y la **Ventana al Mundo 21** que aparecen en la Lección 3 de esta unidad. Escoge la respuesta que complete mejor cada oración. (7 puntos)

1. En _____ se concentra el mayor número de cubanoamericanos.

   a. la Florida   **b.** Illinois   **c.** Nueva York

2. La ciudad de _____ es considerada el centro de la comunidad cubana en EE.UU.

   a. Nueva York   **b.** Tampa   **c.** Miami

3. El primer grupo de refugiados cubanos que huían del régimen de Fidel Castro llegaron a EE.UU. en _____ .

   a. 1950   **b.** 1960   **c.** 1970

4. La actitud del gobierno de EE.UU. frente a estos primeros refugiados cubanos era _____ .

   a. impedir su acceso a EE.UU. y deportarlos a Cuba
   b. ofrecerles programas para facilitar su adaptación en la sociedad norteamericana
   c. negarles permiso para trabajar en el país

5. Se calcula que entre 1965 y 1973 salieron de Cuba a EE.UU. _____ refugiados cubanos.

   a. 60.000   **b.** 260.000   **c.** un millón de

6. En 1980, llegaron unas 125.000 personas a quienes llaman "los marielitos" porque _____ .

   a. así se les llama a los campesinos en Cuba
   b. salieron del puerto cubano de Mariel
   c. la mayoría proviene de una provincia cubana llamada Mariel

7. El cantante cubanoamericano que fue miembro de la compañía *Miami Sound Machine* y que ha tenido mucho éxito cantando tanto en inglés como en español es _____ .

   a. Jon Secada   **b.** Oscar Hijuelos   **c.** Andy García

III. Estructura en contexto

A **Materias académicas.** Tus compañeros expresan opiniones sobre las materias que estudian. ¿Qué opinas tú? Al contestar, sustituye las palabras entre paréntesis por las palabras subrayadas y haz todos los cambios necesarios. (5 puntos)

1. ¿Historia? Esa <u>materia</u> es entretenida. (curso)

   _____

2. ¿Matemáticas? Esta <u>materia</u> es muy rigurosa. (asignatura)

   _____

3. ¿<u>Lenguas extranjeras</u>? Esos cursos son interesantes. (Química)

   _____

4. ¿Filosofía? Ese <u>curso</u> es muy profundo. (disciplina)

   _____

5. ¿<u>Biología</u>? Este curso es magnífico. (Biología y química)

   _____

B **Reservaciones.** Has recibido información sobre dos hoteles y no sabes en cuál hacer reservaciones. Decides compararlos primero.
(7 puntos)

Hotel Excélsior	Hotel Supremo
75 habitaciones	75 habitaciones
$85 habitación doble	$90 habitación doble, con desayuno continental
piscina	piscina con sauna y jacuzzi
televisor; minirefrigerador en la habitación	televisor con servicio de cable

1. El Hotel Supremo es _____ grande _____ el Hotel Excélsior.

2. El Hotel Excélsior tiene _____ habitaciones _____ el Hotel Supremo.

3. El Hotel Excélsior parece ser un poco _____ económico _____ el Hotel Supremo.

4. La piscina del Hotel Excélsior no tiene _____ atractivos _____ la del Hotel Supremo.

5. En el Hotel Excélsior hay _____ canales de televisión _____ en el Hotel Supremo.

6. El Hotel Excélsior es _____ caro _____ el Hotel Supremo.

7. Probablemente, la piscina del Hotel Supremo es _____ grande _____ la piscina del Hotel Excélsior.

IV.   Lectura

El mambo:
un ritmo cubano que puso a bailar al mundo

La música afrocubana ha tenido un gran impacto en el desarrollo de la música latinoamericana y norteamericana. El mambo es un ritmo que tiene raíces en cantos africanos y después se incorpora en el repertorio de bandas populares cubanas en la década de 1930. La palabra "mambo", que en el idioma de los negros congos significa conversación, alude a la conversación o contrapunteo de diversos instrumentos durante un mambo.

El mambo no sería lo que es hoy sin el aporte de Dámaso Pérez Prado, justamente apodado "el Rey del mambo", nacido en la provincia de Matanzas en Cuba en 1921. Es significativo que Pérez Prado se hizo famoso no en Cuba sino en México,

donde el mambo llegó a ser más popular que en Cuba. Su primer gran éxito, grabado en México en 1949, se titula *Qué rico el mambo*.

De México el mambo pasó a EE.UU. y en Los Ángeles y Nueva York se convirtió en un baile muy popular. Así los mejores bailadores del mambo se congregaban los miércoles en el Palladium de Nueva York acompañados por las orquestas de Machito, Tito Puente o Tito Rodríguez. Con la película basada en la reciente novela del autor cubanoamericano Oscar Hijuelos, *The Mambo Kings Play Songs of Love,* muchas generaciones de inspirados bailadores vuelven a recordar el mambo.

Adaptado de "Qué rico el mambo"
de Gustavo Pérez Firmat, *Más.*

El mambo. Indica si los siguientes comentarios son ciertos o falsos.
(6 puntos)

C   F   **1.** El mambo es un ritmo que tiene raíces en la música indígena de México.

C   F   **2.** La palabra "mambo" alude a la conversación de las parejas mientras bailan.

C   F   **3.** Dámaso Pérez Prado es considerado "el Rey del mambo".

C   F   **4.** El mambo llegó a ser más popular en México que en Cuba.

C   F   **5.** Los primeros bailadores de mambo en EE.UU. se congregaban en el Palladium de Nueva York.

C   F   **6.** Se filmó una película basada en la novela titulada *Los reyes del mambo tocan canciones de amor* de Dámaso Pérez Prado.

V. Composición

Los entrevistados. Haz una descripción del segmento del programa de Cristina pasado en clase que más te gusta. Si prefieres, puedes describir un segmento del programa de Oprah Winfrey o Geraldo Rivera. Describe a la persona entrevistada. ¿Sobre qué tema habla esta persona? ¿Qué es lo que más te impresiona de esta persona? (20 puntos)

_____

_____

_____

_____

_____

_____

_____

_____

_____

_____

_____

_____

_____

_____

_____

_____

_____

_____

_____

_____

_____

_____

_____

I. Gente del Mundo 21

Los políticos en la radio. Escucha lo que dice la comentarista de un programa de radio que presenta a tres políticos hispanos que representan a varias comunidades latinas de EE.UU. Luego, escoge la respuesta que complete mejor cada oración. (6 puntos)

1. La comentarista está en una estación de radio en _____ .

   a. Miami   **b.** Los Ángeles   **c.** Washington, D.C.

2. La comentarista ha invitado a tres políticos hispanos para _____ .

   a. que hagan comentarios sobre las próximas elecciones presidenciales
   b. que hablen de los problemas que afectan a las diferentes comunidades latinas del país
   c. que ayuden a la estación de radio a recibir fondos del público

3. La primera persona que presenta es _____ .

   a. Henry Cisneros
   b. Ileana Ros-Lehtinen
   c. Nydia Velázquez

4. Henry Cisneros fue elegido alcalde de _____ en cuatro ocasiones.

   a. Los Ángeles   **b.** El Paso   **c.** San Antonio

5. La congresista Nydia Velázquez es de origen _____ .

   a. mexicano
   b. cubano
   c. puertorriqueño

6. Ileana Ros-Lehtinen fue la primera mujer hispana _____ .

   a. elegida diputada para el Congreso de EE.UU.
   b. elegida gobernadora de la Florida
   c. nombrada para el puesto de tesorera de EE.UU.

II. Historia y cultura

Los hispanos en EE.UU. El siguiente ejercicio comprueba si has comprendido las lecturas **Del pasado al presente** y las **Ventanas al Mundo 21** que aparecen en las tres lecciones de esta unidad. Escoge la respuesta que complete mejor cada oración. (8 puntos)

1. Con _____ terminó la guerra entre México y EE.UU.

    a. la Compra de Gadsen de 1853
    b. el Tratado de Guadalupe-Hidalgo de 1848
    c. el Tratado de París de 1898

2. En _____ los puertorriqueños recibieron la ciudadanía estadounidense.

    a. 1898   **b.** 1917   **c.** 1944

3. El régimen de _____ ha obligado a cientos de miles de cubanos a refugiarse en EE.UU. desde 1960.

    a. Fulgencio Batista
    b. Antonio Machado
    c. Fidel Castro

4. La película *West Side Story* ganó varios premios "Óscar", entre ellos el de la mejor película en _____ .

    a. 1951   **b.** 1961   **c.** 1971

5. _____ fundó el Teatro Campesino en 1965.

    a. Luis Valdez   **b.** César Chávez   **c.** Xavier Suárez

6. A diferencia de los inmigrantes cubanos de los años 60 y 70, "los marielitos" que llegaron en 1980 eran _____ .

    a. de las clases menos acomodadas
    b. principalmente profesionales como doctores e ingenieros
    c. la mayoría estudiantes universitarios

7. _____ es otro nombre para los puertorriqueños.

    a. Guanacos   **b.** Boricuas   **c.** Guaraníes

8. Los chicanos se concentran principalmente en _____ .

    a. Nueva York
    b. la Florida
    c. el suroeste de EE.UU.

III.　Estructura en contexto

A **El comienzo del año escolar.** Es el primer día de clases del nuevo año escolar. ¿Cómo se sienten los estudiantes? (5 puntos)

1.　Gabriela está _____. (cansado)

2.　Víctor está _____. (triste)

3.　Las hermanas Vega están _____. (deprimido)

4.　Inés y Manolo están _____. (apenado)

5.　Quico y Beto están _____. (entusiasmado)

B **Tierra Amarilla.** Completa la siguiente información acerca del pueblo de Tierra Amarilla usando los verbos **ser** o **estar.** (5 puntos)

Tierra Amarilla _____ (1) un pueblo que

_____ (2) en el estado de Nuevo México.

_____ (3) un lugar tranquilo todavía. Por cierto que no

_____ (4) el mismo pueblo en que vivió Adolfo Miller;

por ejemplo, ahora _____ (5) más poblado que durante

la época de Adolfo Miller, pero todavía mantiene las tradiciones hispanas.

C **Un desfile puertorriqueño.** Tú vas a estar en Nueva York este año el día del desfile puertorriqueño. Por eso, llamas a un amigo puertorriqueño y le haces las preguntas que siguen. Completa cada pregunta con la forma apropiada de los verbos indicados. (5 puntos)

1.　¿_____ (Pensar-tú) ir al desfile este año?

2.　¿_____ (Poder-yo) acompañarte?

3.　¿A qué hora _____ (comenzar) el desfile?

4.　¿_____ (Sentirse-tú) orgulloso de ser puertorriqueño al ver el desfile?

5.　¿_____ (Divertirse) la gente en el desfile?

D **Una invitación rechazada.** Completa el siguiente diálogo para saber por qué no puede aceptar Hilda la invitación de su amigo Ernesto. (10 puntos)

Ernesto: Hilda, esta noche _____ (1. ir-yo) al cine.

¿_____ (2. Venir) conmigo?

_____ (3. Suponer-yo) que te interesa.

¿Qué me _____ (4. decir)?

Hilda: _____ (5. Estar) ocupadísima hoy y no

_____ (6. poder) ir. Pero te

_____ (7. agradecer) enormemente la

invitación. ¿Lo _____ (8. hacer-nosotros) el

próximo fin de semana? _____ (9. Saber-yo)

que voy a necesitar distraerme para entonces.

Ernesto: De acuerdo. Te _____ (10. proponer) otra

salida dentro de unos días.

E **Nuevo trabajo.** Acabas de cambiar de trabajo y ahora, unos amigos quieren que compares el nuevo trabajo con el antiguo. ¿Qué dices para hacer esta comparación? (5 puntos)

	Trabajo	
	Nuevo	**Antiguo**
Horas por semana	20	20
Dólares por hora	5.50	4.50
Distancia de casa	7 millas	10 millas
Regresar a casa	9 de la noche	9:30 de la noche
¿Interesante?	Sí	Sí

1. Trabajo _____ horas por semana _____ antes.

2. Gano _____ dólares por hora _____ antes.

3. Llego a casa _____ temprano _____ antes.

4. El nuevo trabajo está _____ lejos de casa _____ el antiguo.

5. El nuevo trabajo es _____ interesante _____ el antiguo.

IV. Lectura

La comida caribeña

Entre las familias puertorriqueñas y cubanas que viven en EE.UU. se mantiene una cocina muy rica y sabrosa que refleja la gastronomía de la cultura caribeña. En ella se mezcla la cocina española con la africana, para unirse a la cocina nativa del Caribe hispano. El tradicional plato navideño para puertorriqueños y cubanos es el lechón asado.

Por su parte el arroz es el verdadero comodín en la cocina cotidiana. Igualmente los frijoles o habichuelas en sus diferentes variedades rojas, blancas y negras. Los puertorriqueños utilizan el gandul, un grano tipo frijol de muy buen sabor, para sus famosos guisos de arroz con granos. "Moros y cristianos" es el platillo que combina el arroz blanco con los frijoles negros. El arroz con jueyes (o cangrejos) es otro platillo típico puertorriqueño.

Las familias cubanas tienen como plato típico de primer orden su ropa vieja, que es carne de res cocida hasta tal punto que se hace jirones, igual que un vestido andrajoso. Junto a estos populares platos caribeños, los tostones (rebanadas de plátano frito) y las habichuelas negras se presentan como los acompañantes fijos que no pueden faltar en ninguna mesa.

Adaptado de "Comida caribeña" por Simón Romero, *Más.*

Los platillos caribeños. Indica si los siguientes comentarios son ciertos o falsos. (6 puntos)

C   F   1. En la comida cubana y puertorriqueña típica no hay influencia de la cocina española ni de la cocina africana.

C   F   2. La palabra "caribeña" hace referencia a la región del mar Caribe en donde están las islas de Cuba y Puerto Rico.

C   F   3. El tradicional plato navideño para puertorriqueños y cubanos es el lechón asado.

C   F   4. "Habichuelas" es otro nombre para los granos de arroz.

C   F   5. "Moros y cristianos" es un platillo que combina el arroz blanco con los frijoles negros.

C   F   6. El plato cubano típico llamado "ropa vieja" no incluye carne de ningún tipo.

V. Composición

Entrevistas. Haz una descripción detallada de Cristina Saralegui, la popular entrevistadora de la televisión hispana, o de alguna otra persona (como Geraldo Rivera, Oprah Winfrey o Phil Donahue) que tienen programas de televisión donde hacen entrevistas. ¿Cuáles son algunas de las características que más te impresionan de esta persona? ¿Cómo es su personalidad? ¿Cómo hace las entrevistas? ¿Tiene alguna cualidad especial que explique el éxito de su programa de televisión? (50 puntos)

I. Gente del Mundo 21

El Cid Campeador. Escucha lo que dicen Lola y Luis, dos estudiantes españoles de Madrid, después de ver la película "El Cid" con Charlton Heston y Sofía Loren. Luego, escoge la respuesta que complete mejor cada oración. (5 puntos)

1. Lo que más le impresiona a Luis de la película "El Cid" es ____ .

    a. la actuación de Charlton Heston
    b. la escenografía de la película
    c. la actuación de Sofía Loren

2. Al principio Luis creyó que "El Cid" era ____ .

    a. una película no muy realista
    b. sólo una invención de un guionista de Hollywood
    c. una adaptación de un poema histórico

3. Lola explica que el personaje llamado "El Cid" fue ____ .

    a. un príncipe de origen árabe
    b. un personaje inventado para Charlton Heston
    c. una persona de carne y hueso

4. Cid viene de la palabra árabe *sayyid* que significa ____ .

    a. "señor"   **b.** "enemigo"   **c.** "extranjero"

5. El poema titulado "Cantar del Mío Cid" es el primer gran poema épico compuesto en el siglo ____ .

    a. X   **b.** XI   **c.** XII

II. Historia y cultura

El siguiente ejercicio comprueba si has comprendido la lectura **Del pasado al presente** y las dos **Ventanas al Mundo 21** que aparecen en la Lección 1 de esta unidad. Escoge la respuesta que complete mejor cada oración. (8 puntos)

1. En el año _____ la Península Ibérica pasó a ser parte del Imperio Romano.

    a. 218 a.C.　　　**b.** 409 d.C.　　　**c.** 587 d.C.

2. Los romanos llamaron a la península _____ .

    a. Hispania　　　**b.** Iberia　　　**c.** Cantabria

3. Los musulmanes establecieron su capital en _____ .

    a. Segovia　　　**b.** Madrid　　　**c.** Córdoba

4. Los musulmanes ocuparon la Península Ibérica durante _____ .

    a. 100 años　　　**b.** tres siglos　　　**c.** ocho siglos

5. Los Reyes Católicos lograron la unidad territorial de España al tomar el último reino musulmán localizado en _____ .

    a. Madrid　　　**b.** Granada　　　**c.** Valencia

6. ¿Cuál de los siguientes sucesos históricos no ocurrió durante el año de 1492?

    a. El casamiento de los Reyes Católicos.
    b. La llegada a América de Cristóbal Colón.
    c. La expulsión de los judíos de España.

7. Carlos V era el _____ de los Reyes Católicos.

    a. hijo　　　**b.** sobrino　　　**c.** nieto

8. En los siglos XVI y XVII el oro y la plata de América fueron usados principalmente para _____ .

    a. financiar las continuas guerras de España en Europa y para comprar productos importados
    b. impulsar el desarrollo de la economía española
    c. mejorar las condiciones de vida de la mayoría de los españoles

III. Estructura en contexto

A **Los romanos en España.** Completa el siguiente texto usando el pretérito de los verbos que aparecen entre paréntesis. (7 puntos)

España _____ (1. pasar) a formar parte del Imperio Romano

en el siglo III a. J.C. Los romanos _____ (2. establecer) su

gobierno, su lengua y su cultura en el nuevo territorio. _____

(3. Fundar) grandes ciudades y _____ (4. construir)

carreteras, puentes e impresionantes acueductos. _____

(5. Llamar) Hispania al nuevo territorio, el cual _____

(6. transformarse) pronto en uno de los más prósperos del Imperio. Siglos

después, al difundirse el cristianismo por el Imperio, la nueva religión

_____ (7. entrar) también en España.

B **Un fin de semana de televisión.** Contesta las preguntas que te hace un compañero acerca de los programas de televisión que miraste el fin de semana pasado. Emplea pronombres personales de objeto directo e indirecto en tu respuesta. (5 puntos)

Modelo ¿Encendiste el televisor el domingo por la mañana?

Sí, lo encendí. (No, no lo encendí.)

1. ¿Miraste las telenovelas el viernes por la noche?

   _____

2. ¿Les mencionaste el programa sobre las ciencias medievales a tus amigos?

   _____

3. ¿Pudiste ver la final de tenis en el canal ocho?

   _____

4. ¿Miraste las noticias el sábado por la tarde?

   _____

5. ¿Le recomendaste el reportaje a un amigo?

   _____

C **Musulmanes y cristianos.** ¿Qué relación hubo entre los musulmanes y los cristianos en España? Al contestar, forma oraciones en el pretérito con los elementos dados. (5 puntos)

1. musulmanes / invadir / Hispania

_____

2. musulmanes / respetar / cristianos

_____

3. musulmanes / desarrollar / ciencias

_____

4. cristianos / iniciar / la Reconquista

_____

5. cristianos / recuperar / algunos territorios

_____

IV. Lectura

Cristina de Hoyos:
genial bailadora de flamenco

El flamenco es una manifestación musical que se atribuye a los gitanos de Andalucía y que se ha extendido a otras regiones de España. Ahora es un arte practicado por muchos bailadores que han logrado una proyección internacional. Cristina de Hoyos es una de las grandes bailadoras de flamenco. En 1991 fue galardonada con el Premio Nacional de Danza, concedido por el Ministerio de Cultura, y también con la medalla de oro otorgada por el gobierno andaluz por su aportación a la cultura.

"Si no se tiene *duende*, si no se siente el baile y sólo se tiene técnica, no es posible llegar a ser una buena artista—afirma la bailadora—. Pero la técnica, por supuesto tiene que existir, es ésta, justamente, la que da libertad para expresar lo que se lleva adentro sin estar pendiente de la ejecución".

También ha hecho notables incursiones en el cine esta bailadora inquieta y polifacética, que acaba de cumplir cuarenta y cinco años y lleva bailando desde siempre. Protagonizó las películas *Bodas de Sangre* (1981) y *El amor brujo* (1985) del director español Carlos Saura en las que el baile flamenco tiene un papel de primer actor.

Adaptado de *Cambio 16*.

Cristina de Hoyos. Indica si los siguientes comentarios son ciertos o falsos. (5 puntos)

C   F   **1.** El flamenco es una manifestación musical que se atribuye a los gitanos de Andalucía.

C   F   **2.** El flamenco sólo se practica en Andalucía.

C   F   **3.** Cristina de Hoyos recibió el Premio Nacional de Danza del Ministerio de Cultura y una medalla de oro del gobierno andaluz.

C   F   **4.** Según Cristina de Hoyos, la técnica es lo único que importa para bailar flamenco.

C   F   **5.** Cristina de Hoyos ha hecho películas también.

V. Composición

Don Quijote y Sancho Panza. Haz una descripción detallada de Don Quijote y Sancho Panza. ¿Cómo ilustra "La aventura de los molinos" las distintas actitudes que ambos tienen frente a la realidad? (15 puntos)

_____

_____

_____

_____

_____

_____

_____

_____

_____

_____

_____

_____

_____

_____

_____

_____

_____

_____

_____

_____

_____

_____

_____

I.   Gente del Mundo 21

El rey de España. Escucha la conversación entre dos jóvenes estudiantes. Uno es Enrique, un estudiante latino de EE.UU. que recién ha llegado a Madrid para estudiar por un año, y el otro es Miguel, hijo de la familia española con la que ahora vive Enrique. Luego, escoge la respuesta que complete mejor cada oración. (5 puntos)

1. El nombre oficial de España es _____ .

   a. República Española
   b. Reino de España
   c. Federación Española

2. Juan Carlos I nació en _____ en 1938.

   a. Madrid   **b.** Barcelona   **c.** Roma

3. Juan Carlos I fue escogido por Francisco Franco como su sucesor por ser _____ de Alfonso XIII, el último rey de España que salió del país en 1931.

   a. hermano   **b.** hijo   **c.** nieto

4. Juan Carlos I subió al trono el 22 de noviembre de 1975, _____ .

   a. dos meses antes que muriera Franco
   b. dos días después de la muerte de Franco
   c. cuando Franco renunció al poder

5. Según Miguel, Juan Carlos I de España es muy popular y tiene mucho prestigio entre el pueblo español porque _____ .

   a. es el hombre más rico del mundo
   b. es descendiente de los Reyes Católicos
   c. siempre ha defendido la democracia

II.   Historia y cultura

El siguiente ejercicio comprueba si has comprendido la lectura **Del pasado al presente** y las dos **Ventanas al Mundo 21** que aparecen en la Lección 2 de esta unidad. Escoge la respuesta que complete mejor cada oración. (7 puntos)

1. El período de mayor esplendor de la cultura española se conoce como _____ .

   a. la Edad de Plata   **b.** el Siglo de Oro   **c.** el Renacimiento

2. Diego de Velázquez fue un gran _____ español de esta época.

   a. poeta   **b.** dramaturgo   **c.** pintor

3. En _____, como resultado de la guerra de Cuba, España cedió sus últimas colonias de Cuba, Puerto Rico, Filipinas y Guam a EE.UU.

   a. 1848   **b.** 1898   **c.** 1917

4. El general Francisco Franco fue el jefe militar de los _____ durante la Guerra Civil Española.

   a. nacionalistas   **b.** republicanos   **c.** anarquistas

5. Francisco Franco gobernó España de una manera autoritaria hasta su muerte en _____ .

   a. 1965   **b.** 1975   **c.** 1985

6. Desde la muerte de Franco, la participación de las mujeres españolas en la educación y en las profesiones _____ .

   a. ha disminuido
   b. ha aumentado mucho
   c. ha permanecido igual

7. _____ es la lengua que se habla en Barcelona.

   a. El catalán   **b.** El gallego   **c.** El vasco

III. Estructura en contexto

A **Un fuerte temblor.** Completa la siguiente narración usando el pretérito de los verbos entre paréntesis. (10 puntos)

Ayer por la noche todos nosotros _____ (1. tener) un susto

tremendo. A las tres de la mañana _____ (2. sentir) un gran

ruido y _____ (3. ver) que toda la casa se movía de un lado a

otro. _____ (4. Salir) a la calle y _____

(5. permanecer) allí hasta que _____ (6. terminar) el temblor.

Al día siguiente el periódico _____ (7. dar) la siguiente

información: _____ (8. ser) un temblor de grado 6,

_____ (9. durar) dos minutos y _____

(10. causar) daños importantes por toda la ciudad.

B **Los gustos artísticos.** Con los siguientes grupos de elementos, forma oraciones que describen los gustos artísticos de las personas mencionadas. (5 puntos)

1. Marisol / gustar / cuadros del Renacimiento

_____

2. Wilfredo y Gustavo / agradar / arte abstracto

_____

3. mis padres / interesar / arte realista

_____

4. nosotros / encantar / cubismo

_____

5. mi profesora de arte / entusiasmar / cuadros de Velázquez

_____

IV. Lectura

El paseo como tradición

Una de las peculiaridades de las ciudades españolas que sorprenden mucho a los visitantes extranjeros es el gran número de personas de todas las edades y clases sociales que se encuentran en la calle a altas horas de la noche, por las avenidas y plazas y en los lugares de reunión.

Familias enteras, personas mayores, jóvenes y niños salen a dar un paseo después de la cena, pasada la puesta del sol. Dar un paseo es no sólo una sana actividad después de una comida pesada, también es una forma de diversión que muchos españoles han convertido en arte.

Dar un paseo nocturno es una costumbre muy arraigada en Madrid. Esta ciudad de noche es distinta a las demás capitales europeas. En Madrid no sólo hacen vida nocturna las personas que salen para ir al teatro, cine, discoteca o cualquier otro espectáculo. Hacen también vida nocturna en los cafés y las aceras las personas que salen después de la cena para tomar un café, una cerveza, o simplemente a pasear por las calles céntricas como el Paseo de la Castellana y la Gran Vía. Al retirarse las familias, las personas mayores y los niños, la vida nocturna continúa con adultos y jóvenes. Por eso en Madrid las calles están animadas todas las noches hasta las dos o tres de la madrugada.

Los paseos. Indica si los siguientes comentarios son ciertos o falsos. (5 puntos)

C   F   **1.** Los visitantes extranjeros a España se sorprenden de la falta de vida nocturna en la mayoría de las ciudades principales.

C   F   **2.** El dar un paseo después de la cena es una costumbre nueva importada que sólo los muy jóvenes siguen.

C   F   **3.** Caminar después de una comida pesada se considera una actividad sana.

C   F   **4.** A diferencia de otras ciudades europeas, en Madrid salen familias enteras a dar un paseo al anochecer.

C   F   **5.** A las doce de la noche cierran todos los cafés y restaurantes de Madrid y por eso hay mucha gente en las calles.

V. Composición

Un reportaje. Trabajas de reportero para un gran diario latinoamericano. En julio de 1937 estás presente en la inauguración del cuadro *Guernica* de Pablo Picasso en el pabellón español de la Exposición Universal de París. Describe las reacciones de las primeras personas que pudieron ver este mural. (18 puntos)

_____

_____

_____

_____

_____

_____

_____

_____

_____

_____

_____

_____

_____

_____

_____

_____

_____

_____

_____

_____

_____

_____

_____

_____

_____

_____

_____

_____

_____

_____

_____

_____

_____

_____

_____

_____

_____

_____

_____

_____

I. Gente del Mundo 21

Estrellas del cine español. Escucha lo que dicen Paco y Lola, una joven pareja madrileña, de las actrices principales que aparecen en *Tacones lejanos*, la película de Pedro Almodóvar. Luego, escoge la respuesta que complete mejor cada oración. (5 puntos)

1. La película *Tacones lejanos* hizo llorar _____ .

    a. a Paco   **b.** a Lola   **c.** a ambos

2. Lo que más le impactó a Paco fue _____ .

    a. la actuación de Victoria Abril que hizo el papel de Rebeca, la hija de una cantante famosa
    b. la canción "Piensa en mí"
    c. el personaje de Manuel, el esposo de Rebeca

3. Lola le dice a Paco que _____ .

    a. Marisa Paredes tiene una excelente voz de cantante
    b. la voz que escucha en la canción no es de Marisa Paredes sino de una cantante profesional española
    c. la que canta es Victoria Abril

4. Para Paco lo importante no es quién canta sino _____ .

    a. el vestido que lleva puesto la actriz
    b. el cine donde tiene lugar la acción
    c. el sentimiento que comunica la actriz

5. Para Lola lo mejor de la película _____ .

    a. fue la actuación de Miguel Bossé
    b. fueron los efectos especiales
    c. fue la actuación de Victoria Abril como Rebeca, la hija de la famosa cantante

II. Historia y cultura

El siguiente ejercicio comprueba si has comprendido la lectura que aparece en la Lección 3 de esta unidad. Escoge la respuesta que complete mejor cada oración. (5 puntos)

1. Pedro Almodóvar nació en _____ .

   a. 1941 **b.** 1951 **c.** 1961

2. Pedro Almodóvar es hoy día el _____ español más famoso del mundo.

   a. actor **b.** director **c.** dramaturgo

3. El título de la película que fue nominada en 1988 a un premio Óscar como la mejor película en lengua extranjera es _____ .

   a. *La ley del deseo*
   b. *Tacones lejanos*
   c. *Mujeres al borde de un ataque de nervios*

4. La palabra "rodaje" en "Historia de un rodaje" hace referencia a _____ .

   a. la filmación **b.** la música **c.** un premio

5. *Tacones lejanos* trata de la problemática relación que tiene una famosa cantante con _____ .

   a. su hijo **b.** su hija **c.** sus padres

III. Estructura en contexto

A **Una boda.** Empleando el imperfecto de indicativo, completa la descripción de la boda de la hermana de la persona que escribe. (7 puntos)

La iglesia _____ (1. estar) llena de amigos y familiares. Los

novios _____ (2. mirarse) y _____ (3. sonreírse);

se _____ (4. poder) ver que _____

(5. estar-ellos) muy felices. Yo _____ (6. ser) una de las

damas de compañía y debo confesar que _____ (7. sentirse)

muy emocionada. La ceremonia religiosa y luego la recepción fueron muy

bonitas.

B **Un día de nieve.** Completa la siguiente narración incluyendo las preposiciones que faltan: **a, con** o **de.** Escribe "X" si no se necesita ninguna preposición. (7 puntos)

Yo acababa _____ (1) desayunar cuando empezó

_____ (2) nevar. Contaba _____ (3) quedarme en

casa, pero era día de clases y tenía que _____ (4) salir a la

escuela. Empecé _____ (5) caminar. Durante todo el camino

me quejé _____ (6) tener que ir a la escuela con el mal

tiempo que hacía y seguía preguntándome por qué era necesario

_____ (7) asistir a la escuela.

IV. Lectura

Autobiografía de Pedro Almodóvar

En la revista dominical de *El País*, diario de Madrid, el 17 de octubre de 1993, se publicó una sección dedicada a Pedro Almodóvar con motivo del estreno de su última película. Ahí aparece una breve "Autobiografía" en la que Pedro Almodóvar escribe:

Nací en La Mancha hace más de cuatro décadas. Viví los ocho primeros años de mi vida en mi pueblo natal. Me dejaron una huella profunda y fueron el primer indicativo del tipo de vida que no quería para mí. Después me trasladé con mi familia a Extremadura, sin un centavo. Estudié bachillerato elemental y superior, y dactilografía (escribir a máquina). Esto último es lo único que me ha servido en el futuro.

A los 16 años rompí con la familia, que me tenía preparado un futuro de oficinista en un banco del pueblo, y me vine a Madrid, a labrarme un presente más de acuerdo con mi naturaleza. Vine decidido a trabajar y estudiar, pero vivir me robaba las 24 horas del día. Aún así tuve que extraer de donde podía ocho horas para trabajar diariamente en la Telefónica, como auxiliar administrativo durante 12 años.

Me compré una cámara súper 8 y empecé a rodar. Hasta ahora, he rodado 10 películas en formato comercial y múltiples peliculillas de súper 8. Engordo. Escribo y ruedo películas. Triunfo afuera y aquí. Adelgazo. Y de repente me veo en los años noventa. Sigo rodando. No me siento feliz; sin embargo, creo que soy un hombre afortunado.

Adaptado de "Autobiografía de Pedro Almodóvar", *El País*.

Pedro Almodóvar. Indica si los siguientes comentarios son ciertos o falsos. (6 puntos)

C   F   **1.** La "Autobiografía" de Pedro Almodóvar se publicó en el diario *ABC* de Madrid.

C   F   **2.** Pedro Almodóvar nació en La Mancha.

C   F   **3.** A los ocho años se trasladó con su familia a vivir a Madrid.

C   F   **4.** Su familia quería que él fuera maestro de la escuela del pueblo.

C   F   **5.** Trabajó en la Telefónica de Madrid como auxiliar administrativo durante 12 años.

C   F   **6.** Según el artículo, ha filmado 10 películas en formato comercial y se cree un hombre afortunado.

V.   Composición

Un cineasta. Describe brevemente lo que tú piensas que un director célebre como Pedro Almodóvar tiene que hacer para rodar una película exitosa. (20 puntos)

_____

_____

_____

_____

_____

_____

_____

_____

_____

_____

_____

_____

_____

_____

_____

_____

_____

_____

_____

_____

_____

_____

I.   Gente del Mundo 21

El presidente de España. Escucha lo que dice un comentarista de la radio española sobre Felipe González, uno de los políticos españoles más importantes de los últimos quince años. Luego, escoge la respuesta que complete mejor cada oración. (5 puntos)

1. A Felipe González, sus amigos le siguen nombrando _____ .

    a. Felipe   **b.** don Felipe   **c.** Sr. González

2. Felipe González es de origen _____ .

    a. burgués   **b.** aristocrático   **c.** humilde

3. Felipe González nació en _____ en 1942.

    a. Sevilla   **b.** Granada   **c.** Valencia

4. Felipe González es el líder del _____ .

    a. Partido Alianza Popular
    b. Partido Unión Democrática
    c. Partido Socialista Obrero Español

5. Desde 1983, Felipe González ha sido elegido _____ del gobierno español.

    a. comandante   **b.** presidente   **c.** ministro

II. Historia y cultura

El siguiente ejercicio comprueba si has comprendido las lecturas **Del pasado al presente** y las **Ventanas al Mundo 21** que aparecen en las tres lecciones de esta unidad. Escoge la respuesta que complete mejor cada oración. (9 puntos)

1. En 587 el rey _____ Recaredo se convirtió al catolicismo romano.

   a. celta　　　　　**b.** fenicio　　　　　**c.** visigodo

2. La Giralda de _____ es una hermosa torre que perteneció a una gran mezquita y que luego se convirtió en el campanario de una catedral cristiana.

   a. Granada　　　　**b.** Sevilla　　　　　**c.** Córdoba

3. Cristóbal Colón usó el nombre _____ para referirse a las tierras que exploró en 1492 en el hemisferio occidental.

   a. "Las Indias"　　**b.** "América"　　　**c.** "Bahamas"

4. Carlos I de España se hizo coronar emperador de Alemania con el nombre de _____ .

   a. Carlos II　　　　**b.** Carlos III　　　**c.** Carlos V

5. Doménikos Theotokópoulos, también conocido como "El Greco", fue un famoso _____ .

   a. poeta　　　　　**b.** dramaturgo　　　**c.** pintor

6. La palabra "guerrilla" se emplea por primera vez cuando los españoles se levantaron contra los invasores franceses en _____ .

   a. 1808　　　　　**b.** 1858　　　　　**c.** 1936

7. En 1898 España cedió sus últimas colonias de Cuba, Puerto Rico, Guam y las Filipinas a _____ .

   a. Inglaterra　　　**b.** Francia　　　　**c.** EE.UU.

8. La Guerra Civil Española comenzó en _____ y duró tres años.

   a. 1936　　　　　**b.** 1940　　　　　**c.** 1942

9. Por su sistema político España es en la actualidad una _____ .

   a. república　　　**b.** dictadura　　　**c.** monarquía constitucional

III. Estructura en contexto

A **El sábado.** ¿Qué hicieron tus amigos el sábado pasado? Emplea el pretérito al contestar. (5 puntos)

1. Rubén / leer una novela histórica

_____

2. Mónica / dormir toda la tarde

_____

3. Jaime / venir a mi casa a escuchar música

_____

4. Susana / hacer la tarea por la mañana

_____

5. yo / ir a un concierto y / llegar atrasado

_____

B **Veranos a las orillas del río.** Completa la siguiente narración para saber cómo pasaba el verano esta joven. Usa el imperfecto de los verbos indicados entre paréntesis. (10 puntos)

De niña, yo _____ (1. vivir) en un pueblo que

_____ (2. quedar) cerca de las montañas. No

_____ (3. ser) muy grande, pero _____ (4. tener)

un río que _____ (5. correr) por la parte norte,

importantísimo para nosotros los niños. Durante el verano, cuando

_____ (6. terminar) la escuela, allí _____

(7. ir/nosotros) todas las tardes. _____ (8. Bañarse),

_____ (9. tomar) sol y _____ (10. charlar) de

esto y de aquello.

C   **En Madrid.** Contesta las preguntas que te hace un amigo que quiere saber cómo fue tu visita a Madrid. Emplea un pronombre complemento en tu respuesta. (10 puntos)

Modelo   ¿Recorriste el centro de Madrid?

> **Sí, lo recorrí una y otra vez.** o
>
> **(No, no lo recorrí mucho.)**

1. ¿Probaste las tapas madrileñas?

_____

2. ¿Visitaste los grandes almacenes madrileños?

_____

3. ¿Pudiste visitar el Centro de Arte Reina Sofía?

_____

4. ¿Admiraste las pinturas de Picasso?

_____

5. ¿Le trajiste regalos a tu mamá?

_____

D   **Intereses.** Di qué les gusta a los miembros de tu familia. (5 puntos)

1. mi hermano / gustar / coleccionar sellos

_____

2. mi abuelo / encantar / música clásica

_____

3. mi hermanita / fascinar / muñecas que hablan

_____

4. mis padres / atraer / coches antiguos

_____

5. mi prima / entusiasmar / collares de perlas

_____

E **Un concierto.** Usa los siguientes elementos para contarles a unos amigos lo que haces cuando vas a un concierto. (5 puntos)

Modelo escuchar / cantantes

Escucho a los cantantes.

1. observar / público

   _____

2. apreciar / música

   _____

3. leer / programa

   _____

4. aplaudir / artistas

   _____

5. acompañar / cantante en voz baja

   _____

IV. Lectura

España: el vértigo de Cenicienta

Tras siglos de sentirse marginados, derrotados, pobres e inexistentes para el mundo y la historia, en los últimos años los españoles hemos vivido una creciente euforia de poder y lujo. España es el único país de Europa que aumentó entre 1985 y 1990 su nivel de autosatisfacción y agrado. El español, derrotista, fatalista y acostumbrado ancestralmente a perder, empezó a pensar que podía ganar.

La culminación de ese sueño de optimismo fue la ceremonia de inauguración de los Juegos Olímpicos de Barcelona, y concretamente en el momento que salió el equipo español. Nunca un país anfitrión ha llorado tanto al hacer el desfile. Lloraba la Infanta, el público, los entrenadores, los atletas. Todo el país se bañaba en las lágrimas del embeleso porque esos acontecimientos grandes y mundiales, como los Juegos Olímpicos, siempre los habíamos visto por televisión, como una realidad ajena, brillante e inalcanzable. Y ahora resultaba que éramos nosotros quienes estábamos en el centro de toda esa gloria, nosotros quienes habíamos organizado la ceremonia inaugural, que encima estaba saliendo estupendamente. Eran las lágrimas de la Cenicienta al bailar al fin entre los brazos del príncipe en el salón más hermoso del palacio.

Pero todas las cenicientas pierden los zapatos al sonar las doce. En 1993 llega la realidad y la dura crisis. El país ahora se estremece de horror pensando que tras haber sido los nuevos ricos lo que dura un sueño, hoy podemos convertirnos en un abrir y cerrar de ojos en nuevos pobres.

Adaptado de "España: el vértigo de Cenicienta" de Rosa Montero, *El País*.

La Cenicienta de Europa. Indica si los siguientes comentarios son ciertos o falsos. (6 puntos)

C   F   **1.** Tras siglos de sentirse marginados y pobres, en los últimos años los españoles pasaron a una euforia de poder y lujo.

C   F   **2.** España fue el único país europeo donde aumentó entre 1985 y 1990 el nivel de autosatisfacción y agrado.

C   F   **3.** La culminación de ese optimismo fue la ceremonia de clausura de los Juegos Olímpicos de Barcelona.

C   F   **4.** La ceremonia de inauguración de los Juegos Olímpicos en Barcelona fue un desastre; por eso, muchos españoles lloraron.

C   F   **5.** La autora del artículo compara España con la Cenicienta que pierde los zapatos a medianoche.

C   F   **6.** En 1993 se inicia un período de gran prosperidad en España.

V. Composición

Don Quijote en el Mundo 21. Escribe un breve resumen del episodio que tú escribiste (o estás escribiendo) para la obra titulada *Don Quijote en el Mundo 21.* (45 puntos)

_____

_____

_____

_____

_____

_____

_____

_____

_____

_____

_____

_____

_____

_____

_____

_____

_____

_____

_____

_____

_____

_____

_____

_____

_____

_____

I. Gente del Mundo 21

Carlos Salinas de Gortari. Escucha lo que dice un comentarista de una estación de radio independiente de México sobre la labor realizada por el presidente Carlos Salinas de Gortari. Luego, escoge la respuesta que complete mejor cada oración. (5 puntos)

1. El presidente Carlos Salinas de Gortari termina en 1994 su gobierno _____ .

   a. en medio de una crisis política
   b. con el mismo gran prestigio con que lo había comenzado
   c. sin enfrentar mayores problemas y con la más completa paz social

2. A los gobiernos de los presidentes mexicanos contemporáneos se les conoce como "sexenios" porque _____ .

   a. tienen un mandato de cuatro años como el de los presidentes de EE.UU.
   b. se eligen para un período de siete años
   c. su mandato es de seis años

3. El gobierno del presidente Carlos Salinas de Gortari tuvo un impacto positivo _____ .

   a. en la creación de una verdadera democracia en México
   b. en la economía mexicana
   c. en las relaciones con los zapatistas

4. El Tratado de Libre Comercio de Norteamérica entró en vigor el primero de enero de _____ .

   a. 1990   **b.** 1992   **c.** 1994

5. El día en que entró en vigor el Tratado de Libre Comercio también _____ .

   a. se inició la rebelión indígena zapatista de Chiapas
   b. se asesinó al candidato del partido oficial
   c. se realizaron elecciones para la presidencia en México

II. Historia y cultura

México: tierra de contrastes. El siguiente ejercicio comprueba si has comprendido las lecturas **Del pasado al presente** y las dos **Ventanas al Mundo 21** que aparecen en la Lección 1 de esta unidad. Escoge la respuesta que complete mejor cada oración. (8 puntos)

1. En México hay más de _____ grupos indígenas, cada uno con su propia lengua y sus propias tradiciones culturales.

   a. 50   **b.** 25   **c.** 10

2. Los aztecas fundaron la ciudad de Tenochtitlán en _____ .

   a. 750   **b.** 1325   **c.** 1479

3. Durante la época colonial, de 1521 a 1821, la Ciudad de México era la capital del _____ .

   a. Virreinato de la Nueva España
   b. Virreinato de la Nueva Castilla
   c. Virreinato de Anáhuac

4. En 1848, después de la guerra entre México y EE.UU., México tuvo que ceder la mitad de su territorio a EE.UU. por _____ .

   a. la obligación de concederles la independencia a los anglosajones de Texas
   b. el Tratado de Guadalupe-Hidalgo
   c. un arreglo con el presidente Benito Juárez

5. El político que gobernó México como dictador durante más de 30 años a partir de 1877 es _____ .

   a. Benito Juárez
   b. Porfirio Díaz
   c. Emiliano Zapata

6. El movimiento social que se conoce como la Revolución Mexicana se inició en _____ .

   a. 1900   **b.** 1910   **c.** 1920

7. El Templo Mayor, el lugar más sagrado de la antigua capital del imperio azteca, fue excavado en _____ .

   a. 1978   **b.** 1878   **c.** 1778

8. Diego Rivera y Frida Kahlo son ahora reconocidos como dos de los _____ mexicanos más importantes del siglo XX.

   a. actores   **b.** pintores   **c.** novelistas

III. Estructura en contexto

A ¡**A esquiar!** Durante el fin de semana Francisco y su familia fueron a las montañas a esquiar. Para saber cómo les fue, completa las siguientes oraciones con el pretérito o el imperfecto de los verbos que aparecen entre paréntesis, según convenga. (5 puntos)

_____ (1. Ser) un día sábado. _____ (2. Hacer) frío, pero _____ (3. hacer) sol. _____ (4. Haber) bastante nieve en las montañas. Así, _____ (5. decidir-nosotros) pasar el día esquiando. _____ (6. Salir) para las montañas por la mañana y _____ (7. esquiar) casi todo el día. También _____ (8. disfrutar) del sol y de la excelente condición de la nieve. _____ (9. Estar) cansadísimos pero contentos cuando _____ (10. llegar) la hora de regresar.

B **Una sinopsis.** Completa esta sinopsis del cuento "Tiempo libre" de Guillermo Samperio, con el pretérito o el imperfecto de los verbos que aparecen entre paréntesis, según convenga. (6 puntos)

Todas las mañanas el protagonista _____ (1. salir) a comprar el periódico muy temprano y siempre _____ (2. mancharse) los dedos con tinta al leerlo. Pero esa mañana _____ (3. sentir) un gran malestar en cuanto _____ (4. tocar) el periódico. Él _____ (5. creer) que no _____ (6. ser) nada serio y _____ (7. sentarse) a leer el periódico en su sillón favorito. Pero pronto la tinta del periódico le _____ (8. cubrir) todo el cuerpo. Preocupado, el señor _____ (9. llamar) al médico pero éste sólo le _____ (10. recomendar) que tomara unas vacaciones. Al final del cuento, cuando la señora _____ (11. regresar) a la casa, el hombre _____ (12. estar) en el suelo. Se había convertido en un periódico.

C **Familias.** La persona que habla compara a la familia de su mejor amigo con su propia familia. Completa el siguiente texto usando las formas apropiadas de los adjetivos o pronombres posesivos. (5 puntos)

Modelo **Sus** abuelos vinieron de Alemania; **los míos** vinieron de Inglaterra.

1. _____ padres viven en Colorado; _____ viven en Texas.

2. _____ madre es profesora; _____ es empleada de banco.

3. _____ padre trabaja para una gran empresa; _____ trabaja por cuenta propia.

4. _____ hermanita está en quinto grado; _____ está en sexto grado.

5. _____ hermano mayor va a asistir a la universidad; _____ está en la universidad.

IV.   Lectura

La televisión mexicana y su impacto en el mundo

Todos los domingos por la tarde, un programa de variedades llamado *Siempre en domingo* llega a las pantallas televisoras de millones de hogares de todo el mundo de habla hispana. Desde su inicio hace ya más de veinticinco años, Raúl Velasco ha sido presentador y productor de este popular programa grabado en la Ciudad de México. Muchos de los cantantes y los artistas latinos más famosos del momento han iniciado su carrera artística o han logrado una fama internacional participando en este programa.

Siempre en domingo se produce en los estudios de Televisa, la compañía mexicana que ha logrado crear géneros muy propios como las telenovelas, los programas cómicos y los noticiarios, que luego se proyectan internacionalmente. Televisa, controlada por el empresario multimillonario Emilio Azcárraga, ha sido un gran éxito comercial y sigue divirtiendo no sólo al público mexicano sino a todo el mundo hispano. Sin embargo, a pesar del gran éxito internacional, hay muchos críticos que lamentan que Televisa impulse la comercialización de la vida y corrompa los valores más tradicionales.

La televisión mexicana. Indica si los siguientes comentarios son ciertos o falsos. (5 puntos)

C   F   **1.** *Siempre en domingo* es un programa de la televisión mexicana que llega a millones de hogares de todo el mundo de habla hispana.

C   F   **2.** Raúl Velasco es el presentador y productor de este popular programa que se inició en 1990.

C   F   **3.** *Siempre en domingo* se produce en los estudios de Televisa en la Ciudad de México.

C   F   **4.** Televisa es una compañía mexicana controlada por el multimillonario Emilio Azcárraga.

C   F   **5.** Televisa todavía no produce sus propias telenovelas.

V. Composición

Los programas de televisión. Si ves programas de televisión en
español, elabora una descripción comparativa de los dos programas que
más te gustan. Escoge uno de la televisión en español y otro de la
televisión en inglés. En caso de que no veas televisión en español,
compara los dos programas en inglés que más te gustan. (16 puntos)

_____

_____

_____

_____

_____

_____

_____

_____

_____

_____

_____

_____

_____

_____

_____

_____

_____

_____

_____

_____

_____

_____

I.   Gente del Mundo 21

Rigoberta Menchú Tum. Escucha la conversación que tienen Marcia, una estudiante latina de EE.UU. que recién ha llegado a Guatemala para estudiar por un año, y Teresa, su nueva amiga guatemalteca. Esta conversación tiene lugar después que ambas han visto una entrevista a Rigoberta Menchú en la televisión guatemalteca. Luego, escoge la respuesta que complete mejor cada oración. (5 puntos)

1. A Marcia le gustaría conocer a Rigoberta Menchú en persona porque _____ .

    a. es una persona que ahora tiene mucho dinero
    b. es una de las figuras políticas más importantes de Latinoamérica
    c. es una persona de origen humilde que ha superado muchos obstáculos

2. A los veinte años de edad, Rigoberta Menchú decidió aprender _____ para poder contar a otros de la opresión que sufren los pueblos indígenas en Guatemala.

    a. quiché   **b.** español   **c.** francés

3. El libro *Me llamo Rigoberta Menchú y así me nació la conciencia* _____ .

    a. fue escrito en español por la propia Rigoberta Menchú
    b. fue producto de entrevistas realizadas a través de varios años en Guatemala con Rigoberta Menchú
    c. fue resultado de una serie de entrevistas que luego transcribió y editó la escritora venezolana Elizabeth Burgos

4. El libro *Me llamo Rigoberta Menchú y así me nació la conciencia* fue publicado en español en _____ .

    a. 1983   **b.** 1973   **c.** 1993

5. En 1992 Rigoberta Menchú recibió el Premio Nóbel de _____ .

    a. Literatura
    b. Justicia Social
    c. la Paz

II. Historia y cultura

El siguiente ejercicio comprueba si has comprendido las lecturas **Del pasado al presente** y las dos **Ventanas al Mundo 21** que aparecen en la Lección 2 de esta unidad. Escoge la respuesta que complete mejor cada oración. (9 puntos)

1. La mayoría de los guatemaltecos son indígenas de origen _____ .

   a. azteca　　　　**b.** olmeca　　　　**c.** maya

2. Pedro de Alvarado inició la conquista de Guatemala en _____ .

   a. 1473　　　　**b.** 1523　　　　**c.** 1573

3. En Guatemala, la población indígena constituye el _____ por ciento del total.

   a. 35　　　　**b.** 55　　　　**c.** 75

4. Durante el siglo XIX, después de la independencia, Guatemala _____ .

   a. fue gobernada por dictadores
   b. fue parte de México
   c. desarrolló su economía sin influencias extranjeras

5. En 1954, el presidente guatemalteco que fue elegido democráticamente e inició ambiciosas reformas económicas y sociales fue _____ .

   a. Jorge Ubico　　**b.** Juan José Arévalo　　**c.** Jacobo Arbenz Guzmán

6. La compañía estadounidense *United Fruit* _____ .

   a. siempre favoreció la reforma agraria en beneficio de los campesinos más pobres de Guatemala
   b. se opuso al reparto de tierras a los campesinos porque era propietaria de grandes extensiones de tierra
   c. no tenía tierras en Guatemala y sólo comerciaba en productos agrícolas como plátanos o bananas

7. Entre 1966 y 1982, grupos paramilitares asesinaron a más de _____ personas entre ellas la madre y un hermano de Rigoberta Menchú.

   a. 1.000　　　　**b.** 15.000　　　　**c.** 30.000

8. La palabra *quiché* y el término náhuatl de donde se deriva el nombre del país de Guatemala significan ambos _____ .

   a. agua　　　　**b.** bosque　　　　**c.** montaña

9. La ciudad ahora conocida como Antigua Guatemala o simplemente como Antigua fue capital de la Capitanía de Guatemala hasta 1773, cuando fue destruida por _____ .

   a. los españoles
   b. un terremoto
   c. una rebelión de los indígenas

III. Estructura en contexto

A **El aburrimiento.** Le propones diversas actividades a un amigo que está aburrido, pero nada parece interesarle. Él contesta todas tus preguntas con distintas expresiones negativas. Escribe sus respuestas. (5 puntos)

1. ¿Quieres comer algo?

   No, no _____

2. ¿Quieres escuchar algunas canciones?

   No, no _____

3. ¿Quieres mirar algún programa en la televisión?

   No, no _____

4. ¿Deseas jugar con algunos amigos?

   No, no _____

5. ¿Deseas ir al cine o a un concierto?

   No, no _____

B **Un verano de estudio.** Completa la siguiente narración con el pretérito o el imperfecto de los verbos indicados entre paréntesis. (5 puntos)

El verano pasado yo _____ (1. pasar) dos meses en

Guadalajara estudiando español. Voy a hablarte de cómo

_____ (2. ser) mi rutina diaria. Todos los días

_____ (3. asistir) a clases por la mañana y por la tarde

_____ (4. estudiar), _____ (5. salir) con amigos,

_____ (6. ver) películas o _____ (7. ir) de

excursiones con los otros estudiantes. Durante esos dos meses,

_____ (8. aprender) mucho, _____ (9. hacerse)

amigo de muchos chicos y _____ (10. divertirse) bastante.

Espero poder volver pronto.

C   **Un incidente vergonzoso.** Completa la siguiente narración usando el pretérito o el imperfecto de los verbos indicados entre paréntesis. (6 puntos)

Hace unos días, yo _____ (1. invitar) a cenar a una amiga.

Como _____ (2. querer) impresionarla, _____

(3. escoger) uno de los restaurantes más lujosos y caros de la ciudad.

Recuerdo que esa noche _____ (4. haber) mucha gente en ese

lugar. _____ (5. Pedir-nosotros) varios platos; cada plato que

traían nos parecía más delicioso que el anterior. Después del postre y del

café, el camarero me _____ (6. traer) la cuenta. Yo

_____ (7. estar) preparado. _____ (8. Buscar) la

billetera para pagar, pero _____ (9. darse) cuenta que no la

tenía. _____ (10. Ponerse) más rojo que un tomate.

Afortunadamente, mi amiga _____ (11. tener) dinero y ella

_____ (12. pagar) la cuenta. ¡Qué vergüenza!

IV. Lectura

Descifrando la escritura maya

Los mayas dejaron su historia en piedras y libros hechos de corteza de árbol, pero hasta hace poco, por falta de información, era imposible descifrar la compleja escritura maya.

Hoy, la tercera parte de los 850 caracteres que los mayas usaban para transmitir sus ideas están identificados. Los mayas utilizaron un sistema logosilábico como la escritura jeroglífica del Egipto. Es decir, algunos signos representan objetos, ideas o acciones, y otros representan sonidos.

Para complicar las cosas, aunque todos los mayas nacen de un mismo tronco, se diferencian en muchas tribus. Sólo en Guatemala hay más de veinte grupos indígenas cada uno con un dialecto propio. Lógicamente, hay muchas variaciones a la hora de escribir estas lenguas.

Adaptado de "¿Quién puede entender esto?", *Muy.*

La escritura maya. Indica si los siguientes comentarios son ciertos o falsos. (5 puntos)

C   F   **1.** Los mayas tenían una lengua escrita.

C   F   **2.** Los expertos ahora pueden leer toda la lengua escrita de los mayas.

C   F   **3.** La escritura de los mayas es como la escritura de los griegos y los romanos.

C   F   **4.** Todas las tribus mayas hablaban el mismo dialecto.

C   F   **5.** La escritura maya incluye signos que representan ideas o acciones y otros que representan los sonidos de la lengua.

V. Composición

Rigoberta Menchú. Eres reportero de un diario guatemalteco. En octubre de 1992 estás presente en la ceremonia de entrega del Premio Nóbel de la Paz a Rigoberta Menchú. Escribe un breve reportaje para tus lectores guatemaltecos sobre lo que sucedió durante esa emotiva ceremonia en Estocolmo, Suecia. ¿Piensas que es un honor o una desgracia para Guatemala la concesión de este premio a Rigoberta Menchú? Explica tu opinión. (15 puntos)

_____

_____

_____

_____

_____

_____

_____

_____

_____

_____

_____

_____

_____

_____

_____

_____

_____

_____

_____

_____

_____

I. Gente del Mundo 21

Los habitantes de Teotihuacán. Escucha lo que dicen Nellie y Leo, dos jóvenes latinos de EE.UU., sobre las personas que habitaron Teotihuacán, "la Ciudad de los Dioses". Luego, escoge la respuesta que complete mejor cada oración. (5 puntos)

1. Sobre los habitantes de Teotihuacán, Nellie dice que _____ .

   a. se sabe que hablaban náhuatl
   b. eran originarios de la costa del Golfo de México
   c. en realidad se sabe muy poco; no se sabe qué lengua hablaban ni de dónde eran originarios

2. La ciudad fue destruida alrededor de _____ .

   a. 600 d.C.   b. 750 d.C.   c. 1325 d.C.

3. "Teotihuacán" es _____ .

   a. el nombre original de "la Ciudad de los Dioses" que aparece en muchos murales teotihuacanos
   b. el nombre que le dio Hernán Cortés cuando vio por primera vez las ruinas
   c. el nombre que dieron los aztecas a las ruinas siglos después de su destrucción

4. Leo compara Teotihuacán con Nueva York porque había _____ .

   a. una estatua a la libertad
   b. barrios donde vivían personas de diferentes grupos étnicos
   c. un puerto donde llegaban inmigrantes

5. Leo piensa que la ciudad de Teotihuacán fue destruida _____ .

   a. por una rebelión de los trabajadores contra sus opresores
   b. por una invasión de indígenas del norte
   c. por los conquistadores españoles

II. Historia y cultura

La Ciudad de los Dioses. El siguiente ejercicio comprueba si has comprendido la lectura que aparece en la Lección 3 de esta unidad. Escoge la respuesta que complete mejor cada oración. (5 puntos)

1. La zona arqueológica de Teotihuacán está situada a unas _____ de la Ciudad de México.

   a. 30 millas   **b.** 60 millas   **c.** 90 millas

2. La ciudad de Teotihuacán fue _____ .

   a. una ciudad de origen maya
   b. la primera ciudad construida por los aztecas
   c. la primera ciudad grande y compleja de Mesoamérica

3. Teotihuacán alcanzó su mayor esplendor cuando su población era más de 150.000 personas en los siglos _____ .

   a. I y II a.C.   **b.** I y II d.C.   **c.** III y IV d.C.

4. Teotihuacán cubría un área más grande que la ciudad de Roma durante esa misma época y era _____ .

   a. tan poblada como la ciudad de Atenas
   b. menos poblada que la ciudad de Atenas
   c. más poblada que la ciudad de Atenas

5. Después de la destrucción de Teotihuacán _____ .

   a. los principales edificios fueron reconstruidos aunque con otro estilo
   b. una ciudad aun más grande que la original surgió en ese mismo lugar
   c. los edificios ceremoniales nunca fueron reconstruidos

III. Estructura en contexto

A **Una reservación de hotel.** Arturo necesita una reservación. Completa su conversación telefónica con el recepcionista para saber si la consigue. Usa las preposiciones **por** o **para**, según convenga. (9 puntos)

Arturo: Quisiera hacer una reservación _____ (1) el

próximo sábado.

Recepcionista: ¿_____ (2) cuánto tiempo?

Arturo: Necesito estar allí _____ (3) dos noches

solamente.

Recepcionista: Sí, no hay problema. _____ (4) esos dos días

hay cuartos disponibles.

Arturo: ¿Cuánto cobran _____ (5) una habitación

doble?

Recepcionista: Sesenta dólares _____ (6) noche.

Arturo: Está bien. Resérveme, _____ (7) favor, una

habitación _____ (8) dos personas

_____ (9) la noche del sábado y domingo

próximos.

B **Venta de coche.** La semana pasada Mario puso un aviso en el periódico para vender su coche. Completa la siguiente narración para saber si encontró un comprador. Usa las preposiciones **por** o **para**, según convenga. (8 puntos)

Ayer, _____ (1) fin, pude vender mi coche. El aviso estuvo en

el periódico _____ (2) más de una semana. Ayer un joven me

llamó _____ (3) teléfono _____ (4) informarse

del coche y _____ (5) conducirlo _____ (6) un

rato. Me ofreció un buen precio _____ (7) él y se lo llevó. Me

dijo que era un coche ideal _____ (8) él, porque estaba en

buenas condiciones y era económico.

IV. Lectura

Una carta de Xavier Vargas

Xavier es un estudiante chicano de EE.UU. que está estudiando en México este año. Esta es la carta que Xavier Vargas le envía a su familia en Los Ángeles después de visitar Teotihuacán.

Querida familia:

Les mando muchos saludos a todos desde México. No se les olvide saludar de mi parte a mis tíos y a mis primos. Yo estoy muy bien, gozando de la vida, no me puedo quejar. En esta carta les quiero contar sobre una interesante visita que hice a Teotihuacán.

Hacía varias semanas que mi maestra de historia mexicana en el Centro de Estudios para Extranjeros en la UNAM sugería que visitáramos esas famosas ruinas al norte de la Ciudad de México. El sábado pasado, tres amigos y yo decidimos ir a "las pirámides" como las llaman aquí. Muy de mañana tomamos un autobús turístico que realiza excursiones a Teotihuacán.

Cuando llegamos a las ruinas no me imaginaba lo grandes que eran. Parecíamos unas hormigas cuando comenzamos a subir la gran Pirámide del Sol. Cuando llegamos a la cima, nos dimos cuenta de que ahí había un grupo de campesinos, hombres, mujeres y niños, que estaban haciendo unas invocaciones en náhuatl a las cuatro direcciones. Después nos contaron que las hacían para hacer llover en sus tierras. Yo quedé muy impresionado por la fe que tenían estas personas en sus antiguas creencias. Cuando bajé de la Pirámide del Sol, me sentí que ya era otro. Que había recobrado un sentido profundo de la historia de México.

Espero que cuando vengan a visitarme podamos ir todos a visitar Teotihuacán y subir a la Pirámide del Sol.

Un abrazo muy fuerte de

Xavier

Una visita a Teotihuacán. Indica si los siguientes comentarios son ciertos o falsos. (6 puntos)

C   F   **1.** Xavier les escribe una carta a todos los miembros de su familia.

C   F   **2.** Una maestra de historia mexicana en la UNAM le había recomendado que fuera a visitar Teotihuacán.

C   F   **3.** Xavier y sus tres amigos alquilaron un automóvil para ir a Teotihuacán.

C   F   **4.** Xavier estuvo muy impresionado por la extensión de las ruinas.

C   F   **5.** Cuando llegaron a la cima de la Pirámide del Sol, encontraron a unos turistas alemanes tomando fotos.

C   F   **6.** Xavier bajó de la Pirámide transformado, como si hubiera recobrado un sentido profundo de la historia de México.

V. Composición

Una carta. Escribe una breve carta ya sea a tu familia, como la de Xavier Vargas, o a algún amigo o amiga sobre tus experiencias al visitar algún lugar misterioso. (17 puntos)

_____

_____

_____

_____

_____

_____

_____

_____

_____

_____

_____

_____

_____

_____

_____

_____

_____

_____

_____

_____

_____

_____

I. Gente del Mundo 21

Un político guatemalteco. Escucha lo que dice una comentarista de un programa de radio sobre la historia contemporánea de Guatemala. Luego, escoge la respuesta que complete mejor cada oración. (5 puntos)

1. Este programa de radio se presenta _____ .

    a. en la noche   **b.** a mediodía   **c.** en la mañana

2. Se trata de un programa especial _____ .

    a. que ofrece canciones populares y dedicaciones personales para el público

    b. que consiste en entrevistas con políticos y líderes importantes del país

    c. que repasa la historia contemporánea del país con un tema específico para que las personas den su opinión a través de llamadas telefónicas

3. Jacobo Arbenz Guzmán fue elegido presidente democráticamente en _____ .

    a. 1944   **b.** 1950   **c.** 1954

4. La reforma agraria de 1952 consistía en _____ .

    a. favorecer las inversiones de grandes compañías extranjeras como la *United Fruit*

    b. pedir préstamos a grandes bancos para incrementar la exportación de plátanos o bananas

    c. repartir las tierras de las grandes fincas entre los campesinos sin tierra

5. Jacobo Arbenz Guzmán fue derrocado en 1954 por militares apoyados por _____ .

    a. Honduras y Nicaragua

    b. el gobierno estadounidense

    c. campesinos deseosos de más reformas agrarias

II. Historia y cultura

México y Guatemala: raíces de la esperanza. El siguiente ejercicio comprueba si has comprendido las lecturas **Del pasado al presente** y las **Ventanas al Mundo 21** que aparecen en las Lecciones 1, 2 y 3 de esta unidad. Escoge la respuesta que complete mejor cada oración. (10 puntos)

1. La capital del imperio azteca era _____ .

   a. Teotihuacán   **b.** Tula   **c.** Tenochtitlán

2. El conquistador español Hernán Cortés llegó a las costas de México en _____ .

   a. 1492   **b.** 1519   **c.** 1521

3. Las investigaciones más recientes en las zonas arqueológicas de Dos Pilas y Aguateca indican que _____ .

   a. los mayas eran un pueblo sumamente pacífico
   b. los mayas eran originarios de África
   c. los mayas no eran tan pacíficos como se creía

4. México y Guatemala logran su independencia de España en _____ .

   a. 1721   **b.** 1821   **c.** 1921

5. El presidente conocido como el Abraham Lincoln mexicano por ser un gran reformador y porque resistió y venció a los invasores franceses es _____ .

   a. Benito Juárez
   b. Agustín de Iturbide
   c. Porfirio Díaz

6. El período violento de la Revolución Mexicana duró dos décadas, de 1910 a 1930, y dejó más de _____ .

   a. 100 mil muertos
   b. medio millón de muertos
   c. un millón de muertos

7. Durante el siglo XIX en Guatemala, grandes compañías extranjeras _____ .

   a. facilitaron la construcción de ferrocarriles, carreteras y líneas telegráficas
   b. ayudaron a miles de campesinos indígenas a salir de la pobreza
   c. repartieron sus grandes plantaciones entre los campesinos indígenas que las trabajaban

8. El pueblo de Guatemala recuerda a Jacobo Arbenz Guzmán por haber _____ .

    a. derrocado al coronel Carlos Castillo Armas con la ayuda de la CIA
    b. echado a compañías extranjeras, como la *United Fruit,* del país
    c. repartido más de un millón de hectáreas a familias campesinas

9. Entre 1966 y 1982, grupos paramilitares del gobierno guatemalteco de la derecha asesinaron a tres familiares de Rigoberta Menchú entre otros _____ .

    a. 100 disidentes políticos
    b. 15.000 disidentes políticos
    c. 30.000 disidentes políticos

10. El Premio Nóbel de la Paz de 1992 otorgado a la indígena quiché trae esperanzas de _____ .

    a. desarrollo económico en el país facilitado por intereses extranjeros
    b. un futuro mejor para los millones de indígenas guatemaltecos
    c. una investigación por la Comisión de Defensa de los Derechos Humanos del gobierno guatemalteco

III. Estructura en contexto

A **Un accidente en la playa.** El verano pasado, durante las vacaciones de Isabel, hubo un accidente en la playa. Para saber qué pasó, completa la siguiente narración usando el pretérito o el imperfecto, según convenga. (15 puntos)

El verano pasado _____ (1. pasar-yo) las vacaciones a orillas

del mar. _____ (2. Vivir) dos semanas en una pensión que

_____ (3. quedar) cerca de la playa. En general,

_____ (4. divertirse) bastante, salvo el día del accidente en la

playa. Ese día, _____ (5. hacer) viento y el mar

_____ (6. estar) muy agitado. No _____

(7. haber) nadie bañándose porque _____ (8. ser) muy

peligroso. De pronto, un joven imprudente _____

(9. lanzarse) al agua y _____ (10. salir) mar afuera. Por

supuesto, cuando _____ (11. tratar) de volver no

_____ (12. poder) porque la corriente _____

(13. ser) muy fuerte. Afortunadamente, los salvavidas _____

(14. lograr) rescatarlo y la aventura _____ (15. terminar)

bien.

B **Los gustos.** Habla de los gustos de tus amigos y de los gustos tuyos. Emplea adjetivos y pronombres posesivos como en el modelo. (10 puntos)

Modelo deporte

        Elvira / básquetbol

        yo / béisbol

        ¿Cuál es el deporte favorito de Elvira?

        El deporte favorito suyo es el básquetbol. El mío es el béisbol.

1. música

    Carlos / jazz

    yo / rock

_____

_____

2. clase

Miguel y Javier / biología

tú / historia

_____

_____

3. plato mexicano

Carmen / tamales

Uds. / enchiladas

_____

_____

4. programas

Sofía / las comedias

nosotros / los noticiarios

_____

_____

5. pasatiempo

Arturo / coleccionar monedas

yo / coleccionar sellos

_____

_____

C **Un fotógrafo poco activo.** Alberto era el miembro más activo del Club de fotografía pero últimamente esto ha cambiado. Para saber cómo ha cambiado, completa la narración a continuación usando estas palabras indefinidas y negativas, según convenga. (6 puntos)

algo	**nada**	**siempre**	**jamás**
alguien	**nadie**	**o/o. . .o**	**ni/ni. . .ni**
alguno	**ninguno**	**también**	**tampoco**
alguna vez	**nunca**	**cualquiera**	

Alberto se inscribió en nuestro club de fotografía y era uno de los

miembros más activos. _____ (1) miembros comentaron que

sus presentaciones siempre eran muy claras y que les ayudaban mucho.

Sin embargo, últimamente no ha venido a _____ (2) reunión.

Es un buen fotógrafo, pero nadie lo ha visto sacar fotos recientemente. No

usa _____ (3) su cámara _____ (4) su talento

ahora. _____ (5) se ofrece a dar presentaciones para los otros

miembros. No hace _____ (6) por el club. Probablemente está

muy ocupado con sus estudios.

D **Un viaje.** Para saber adónde y cómo piensa viajar esta persona, completa la siguiente narración con las preposiciones **por** o **para**, según convenga. (8 puntos)

Necesito hacer un viaje a Denver, Colorado _____ (1) razones

de familia. Pensaba ir _____ (2) avión, pero creo que voy a ir

_____ (3) tren _____ (4) admirar los bellos

paisajes que se pueden ver. Además, el precio que cobran

_____ (5) el boleto es algo más bajo. Tengo que estar allí

_____ (6) el sábado de la semana siguiente, así es que tengo

tiempo. Voy a ir a la estación de tren _____ (7) la tarde

_____ (8) comprar el boleto.

IV. Lectura

Introducción a los testimonios

En su mayoría estos testimonios fueron recogidos en octubre y en noviembre de 1968. Los estudiantes que quedaron presos dieron sus testimonios en el curso de los dos años siguientes. Este relato les pertenece. Está hecho con sus palabras, sus luchas, sus errores, su dolor y su asombro. Aparecen también sus "aceleradas", su ingenuidad, su confianza. Sobre todo agradezco a las madres, a los que perdieron al hijo, al hermano, el haber accedido a hablar. El dolor es un acto absolutamente solitario. Hablar de él resulta casi intolerable; indagar, horadar, tiene sabor de insolencia.

Este relato recuerda a una madre que durante días permaneció quieta, endurecida bajo el golpe y, de repente, como animal herido —un animal a quien le extraen las entrañas— dejó salir del centro de su vida, de la vida misma que ella había dado, un ronco, un desgarrado grito. Un grito que daba miedo, miedo por el mal absoluto que se le puede hacer a un ser humano; ese grito distorsionado que todo lo rompe, el ay de la herida definitiva, la que no podrá cicatrizar jamás, la muerte del hijo.

Aquí está el eco del grito de los que murieron y el grito de los que quedaron. Aquí está su indignación y su protesta. Es el grito mudo que se atoró en miles de gargantas, en miles de ojos desorbitados por el espanto el 2 de octubre de 1968, en la noche de Tlatelolco.

Adaptado de *La noche de Tlatelolco* de Elena Poniatowska.

La noche de Tlatelolco. Indica si los siguientes comentarios son ciertos o falsos. (6 puntos)

C   F   1. Elena Poniatowska recogió la mayoría de los testimonios que publica en su libro *La noche de Tlatelolco* en octubre y noviembre de 1968.

C   F   2. Los estudiantes que fueron capturados no tuvieron la oportunidad de dar sus testimonios.

C   F   3. Este relato pertenece principalmente a los soldados y policías que participaron en la masacre.

C   F   **4.** En su introducción, Elena Poniatowska les da las gracias a los periodistas de los diarios oficiales por la información que publicaron de una manera honesta.

C   F   **5.** El relato trata del dolor de una madre cuyo hijo murió en Tlatelolco.

C   F   **6.** Elena Poniatowska dice que en las páginas de su libro está el eco del grito de las personas que perdieron su vida y el grito de los que sobrevivieron a la masacre del 2 de octubre de 1968.

V. Composición

La vida de Rigoberta Menchú Tum. Haz una descripción detallada de la vida de Rigoberta Menchú Tum. Describe su infancia y su juventud. ¿Qué le sucedió a un hermano suyo? ¿Qué le pasó a su padre Vicente Menchú y a su madre Juana Tum? ¿Por qué ganó el Premio Nóbel de la Paz en 1992? ¿Qué piensa hacer con una parte del premio? ¿Qué te parece la vida de Rigoberta Menchú? (40 puntos)

I. Gente del Mundo 21

Un controvertido líder cubano. Escucha lo que dice un profesor de historia latinoamericana sobre el líder cubano Fidel Castro. Luego, escoge la respuesta que complete mejor cada oración. (5 puntos)

1. Fidel Castro fue educado en escuelas católicas y se graduó en la Universidad de La Habana especializándose en _____ .

   a. derecho   **b.** medicina   **c.** ciencias militares

2. El 26 de julio de 1956, Castro fracasó en su intento de tomar una instalación militar llamada Moncada en la ciudad de _____ .

   a. Santiago   **b.** La Habana   **c.** México

3. En 1956, Fidel Castro dirigió la lucha contra el presidente de Cuba, _____
   .

   a. Antonio Machado
   b. Rafael Leónidas Trujillo
   c. Fulgencio Batista

4. Fidel Castro ha estado en el poder en Cuba desde _____ .

   a. 1949   **b.** 1959   **c.** 1969

5. Fidel Castro es un líder controvertido _____ .

   a. que ha permitido el establecimiento de partidos políticos de oposición en Cuba
   b. que ha reestablecido relaciones diplomáticas con EE.UU.
   c. que no ha permitido ninguna oposición a su gobierno en la isla

II. Historia y cultura

El siguiente ejercicio comprueba si has comprendido la lectura **Del pasado al presente** y las dos **Ventanas al Mundo 21** que aparecen en la Lección 1 de esta unidad. Escoge la respuesta que complete mejor cada oración. (8 puntos)

1. En extensión territorial la isla de Cuba es _____ .

   a. más grande que la isla de Puerto Rico
   b. más pequeña que la isla de Puerto Rico
   c. casi igual que la isla de Puerto Rico

2. En 1511, la colonización de Cuba fue iniciada por _____ .

   a. Cristóbal Colón
   b. Hernán Cortés
   c. Diego Velázquez

3. Debido al exterminio de la población nativa y la necesidad de trabajadores para el cultivo de la caña de azúcar, los españoles decidieron importar en el siglo XVI _____ .

   a. esclavos africanos
   b. esclavos taínos de La Española
   c. esclavos mayas de Yucatán

4. José Martí vivió más de quince años en _____ y escribió la mayoría de sus obras allí.

   a. Nueva York   b. Madrid   c. México

5. Debido a una explosión de un buque de guerra estadounidense en el puerto de La Habana, EE.UU. le declaró la guerra a España en _____ .

   a. 1848   b. 1868   c. 1898

6. En diciembre de 1958, Fidel Castro provocó finalmente la caída de _____ .

   a. Rafael Leónidas Trujillo
   b. Fulgencio Batista
   c. Luis Muñoz Marín

7. Para desmantelar los misiles soviéticos instalados en Cuba, el presidente John F. Kennedy llegó a un acuerdo con el primer ministro de la Unión Soviética, _____ .

    a. Nikita Krushchev
    b. Mikhial Gorbachev
    c. Leonid Brezhnev

8. Los refugiados cubanos conocidos como "marielitos" se llaman así porque en 1980 _____ .

    a. salieron de una provincia cubana llamada Mariel
    b. salieron de Cuba en la celebración de San Mariel
    c. salieron del puerto cubano de Mariel

III. Estructura en contexto

A **Mi coche.** Sylvia acaba de comprar un coche nuevo. ¿Cómo es? Completa la descripción de su coche con el participio pasado de las palabras entre paréntesis. (5 puntos)

1. Es un coche _____ (fabricar) en este país.

2. Es un coche _____ (construir) con excelentes materiales.

3. Es un coche _____ (manejar) por personas de todas las edades.

4. Es un coche _____ (equipar) con tracción delantera y trasera.

5. Es un coche _____ (recomendar) por muchos mecánicos.

B **El estilo periodístico.** En tu clase de periodismo, la profesora quiere que reescriban estos datos de la historia de Cuba en voz pasiva. (6 puntos)

1. En 1898, según EE.UU., los españoles destruyeron el barco estadounidense *Maine*.

   _____

   _____

2. Estados Unidos atacó a España.

   _____

   _____

3. La armada estadounidense derrotó a la armada española.

   _____

   _____

4. A finales de ese año, Estados Unidos y España firmaron el Tratado de París.

   _____

   _____

5. Según ese tratado, España cedió Puerto Rico y otros territorios a Estados Unidos.

_____

_____

6. A partir de esa fecha, Estados Unidos dominó Cuba.

_____

_____

C **Información.** Tú estás de visita en Cuba y necesitas saber dónde se puede hacer lo siguiente. Escribe la pregunta que debes hacer. Usa el **se** pasivo en tus preguntas. (5 puntos)

1. cambiar / cheques de viajero

_____

2. tomar / tren

_____

3. vender / rollos de película

_____

4. comprar / periódico

_____

5. conseguir / mapas de la zona

_____

IV. Lectura

La influencia africana

La influencia africana se puede observar por todos lados en Cuba. Un gran porcentaje de la población cubana es de origen africano. Los primeros africanos en Cuba fueron esclavos traídos en el siglo XVI para trabajar en las minas de oro y en las plantaciones y la industria del "oro dulce", el azúcar.

Los ritmos tropicales y los bailes de origen afrocubano, *rumba*, *mambo* y *cha-cha-chá*, han tenido un gran impacto en el gusto musical de muchas generaciones tanto en Latinoamérica como en EE.UU. La base de esta música la proporcionan la clave cubana (dos palitos que marcan el ritmo), los tambores llamados congas y otros instrumentos de percusión creados por descendientes de africanos en el Nuevo Mundo. Las tradiciones africanas han tenido gran influencia en el desarrollo de la literatura, la pintura, la religión y hasta en la manera de ser de los cubanos.

La tradición africana. Indica si los siguientes comentarios son ciertos o falsos. (6 puntos)

C   F   **1.** La mayoría de los afrocubanos murieron en los campos de la caña de azúcar, lo cual explica la presencia escasa de cubanos de origen africano en la población actual de la isla.

C   F   **2.** Los primeros africanos llegaron a Cuba en el siglo XIX.

C   F   **3.** Los esclavos fueron traídos de África para trabajar en las minas de oro y en la industria y el cultivo de la caña de azúcar.

C   F   **4.** Los ritmos tropicales y los bailes afrocubanos han tenido mucha influencia en el desarrollo de la música latinoamericana y en la de EE.UU.

C   F   **5.** La base de la música afrocubana es la clave que consiste en una pequeña guitarra.

C   F   **6.** Las congas son tambores creados por los descendientes de africanos en Cuba.

V.   Composición

El trabajo de periodista. Eres periodista y acabas de regresar de una
visita a Cuba. Escribe un breve resumen de las condiciones en Cuba y de
lo que será el futuro de la isla ahora que la Unión Soviética y los otros
países comunistas de Europa han caído. (15 puntos)

_____

_____

_____

_____

_____

_____

_____

_____

_____

_____

_____

_____

_____

_____

_____

_____

_____

_____

_____

_____

_____

_____

_____

_____

_____

_____

_____

_____

_____

_____

_____

_____

_____

_____

_____

_____

_____

_____

_____

_____

_____

_____

_____

I.   Gente del Mundo 21

Un político y escritor dominicano. Escucha lo que dice una profesora en un curso para estudiantes extranjeros sobre uno de los políticos y escritores dominicanos más importantes del siglo XX. Luego, escoge la respuesta que complete mejor cada oración. (5 puntos)

1. Por su oposición al dictador dominicano Rafael Leónidas Trujillo, Juan Bosch _____ .

  a. fue enviado como embajador a España
  b. fue nombrado rector de la Universidad de Santo Domingo
  c. fue exiliado en varias ocasiones

2. Tras la muerte de Trujillo en 1961, Juan Bosch regresó a su país y fue elegido presidente en _____ .

  a. 1962   **b.** 1964   **c.** 1966

3. Juan Bosch fue derrocado por un golpe militar que lo obligó a salir al exilio después de haber sido presidente por sólo _____ .

  a. siete meses   **b.** año y medio   **c.** dos años

4. Pero su actividad política _____ desarrollar una extensa obra literaria.

  a. le ha impedido
  b. no le ha impedido
  c. le ha inspirado para

5. Su libro titulado *Simón Bolívar* es _____ .

  a. una novela
  b. una colección de cuentos
  c. una biografía

II. Historia y cultura

El siguiente ejercicio comprueba si has comprendido la lectura **Del pasado al presente** y las dos **Ventanas al Mundo 21** que aparecen en la Lección 2 de esta unidad. Escoge la respuesta que complete mejor cada oración. (8 puntos)

1. En 1492, Cristóbal Colón le dio el nombre de _____ a la isla donde ahora se encuentra la República Dominicana.

    a. Isabela   **b.** Santo Domingo   **c.** La Española

2. Se calcula que antes de 1492 había alrededor de _____ taínos en la isla.

    a. 100.000   **b.** medio millón de   **c.** un millón de

3. Cincuenta años más tarde esta población indígena había sido reducida a menos de _____ .

    a. 500   **b.** 10.000   **c.** 75.000

4. La ciudad de Santo Domingo fue fundada en 1496 por _____ .

    a. Cristóbal Colón
    b. Diego Colón, hijo de Cristóbal Colón
    c. Bartolomé Colón, hermano de Cristóbal Colón

5. El 27 de febrero de 1844, la parte oriental de la isla consiguió por fin su independencia de _____ .

    a. España   **b.** Haití   **c.** Francia

6. El dictador Rafael Leónidas Trujillo dominó la república durante más de _____ .

    a. tres décadas   **b.** cuatro décadas   **c.** cinco décadas

7. El político dominicano que fue elegido presidente en 1966 y desde entonces fue reelegido presidente cada cuatro años excepto en 1978 y 1982, es _____ .

    a. Juan Pablo Duarte
    b. Juan Bosch
    c. Joaquín Balaguer

8. Un deporte muy popular en la República Dominicana y para el cual muchos jugadores dominicanos son contratados por equipos profesionales en EE.UU. es _____ .

    a. el baloncesto   **b.** el béisbol   **c.** el fútbol

III. Estructura en contexto

A **¡Es necesario que trabajemos mucho!** ¿Es muy exigente tu profesor(a) de español? Para contestar, di si es necesario que ustedes hagan o no hagan estas cosas en la clase de español. (7 puntos)

1. leer las lecturas

_____

2. no hablar todos a la vez

_____

3. no hacer demasiado ruido

_____

4. traer las tareas hechas todos los días

_____

5. poner atención en clase

_____

6. saber los verbos irregulares

_____

7. escribir composiciones

_____

B **Para buscar trabajo.** Tú y un amigo necesitan conseguir trabajo este verano. ¿Qué consejos les da el consejero? Usa mandatos formales en tus respuestas. (5 puntos)

1. decidir qué tipo de trabajo les interesa

_____

2. leer las ofertas de empleo en el periódico

_____

3. ir a algunas agencias de empleo

_____

4. comunicarse con el jefe de personal de las compañías que les interesan

_____

5. vestirse con esmero para las entrevistas

_____

Se vende coche. Tu mejor amigo quiere vender su coche. ¿Qué consejos le das? Usa mandatos informales en tus respuestas. (5 puntos)

1. poner un aviso en el periódico

_____

2. decirles a tus amigos que tu coche está en venta

_____

3. lavarlo y limpiarlo bien por dentro y por fuera

_____

4. no venderlo demasiado caro ni demasiado barato

_____

5. no aceptar ningún cheque personal

_____

IV. Lectura

Los dominicanos en EE.UU.

Desde la Segunda Guerra Mundial se ha acelerado el proceso de emigración de dominicanos que se dirigen hacia EE.UU. Más de medio millón de dominicanos han emigrado legalmente a este país durante este período. A diferencia de sus vecinos puertorriqueños que son ciudadanos de EE.UU., los dominicanos tienen que hacer trámites para entrar a EE.UU. Cada año más de 40.000 dominicanos reciben visas que les permiten ingresar a EE.UU. para reunirse con sus familiares que son ciudadanos estadounidenses o residentes legales en EE.UU.

En la ciudad de Nueva York se ha establecido la mayor concentración de dominicanos después de Santo Domingo, la capital de la República Dominicana. Los dominicanos son ahora la segunda comunidad hispana en población de la ciudad de Nueva York, después de los puertorriqueños. En el barrio dominicano neoyorquino la música y el sabor de la cultura dominicana vibran por todas partes.

Los dominicanos en EE.UU. Indica si los siguientes comentarios son ciertos o falsos. (5 puntos)

C　　F　　**1.** Durante los últimos cincuenta años más de medio millón de dominicanos han emigrado legalmente a EE.UU.

C　　F　　**2.** Como los puertorriqueños, los dominicanos pueden entrar y salir de EE.UU. sin necesidad de visas.

C　　F　　**3.** Cada año más de 40.000 dominicanos reciben visas para reunirse en EE.UU. con sus familiares que son ciudadanos estadounidenses o residentes legales de EE.UU.

C　　F　　**4.** En la ciudad de Nueva York viven más dominicanos que en Santo Domingo, capital de la República Dominicana.

C　　F　　**5.** Ahora, la comunidad dominicana es la comunidad hispana más grande de Nueva York.

V. Composición

Una carta de un jugador dominicano. Imagínate que eres un joven jugador de béisbol dominicano que acaba de ser contratado por un equipo de las Grandes Ligas de EE.UU. Escribe una carta a tu familia en la República Dominicana en la que describes tus primeras experiencias en EE.UU. ¿Cuáles son tus primeras impresiones de este país del norte donde nunca habías estado antes? (15 puntos)

_____

_____

_____

_____

_____

_____

_____

_____

_____

_____

_____

_____

_____

_____

_____

_____

_____

_____

_____

_____

_____

I.   Gente del Mundo 21

Un cantante puertorriqueño. Escucha lo que dicen Rosa y Sonia, dos amigas puertorriqueñas sobre el popular vocalista Chayanne. Luego, escoge la respuesta que complete mejor cada oración. (5 puntos)

1. Las amigas Rosa y Sonia escucharon un concierto de Chayanne _____ .

    a. por la televisión   **b.** por la radio   **c.** en persona

2. Después de la presentación de Chayanne, ambas amigas quedaron _____ .

    a. fascinadas   **b.** desilusionadas   **c.** molestas

3. El título de la canción de Chayanne que es la favorita de Rosa y la que le dio el título a un álbum muy popular en Latinoamérica es _____ .

    a. "Llámame"   **b.** "Provócame"   **c.** "Escúchame"

4. El nombre original de Chayanne es Elmer Figueroa Arce y nació en Puerto Rico, en _____ .

    a. Río Piedras   **b.** San Juan   **c.** Ponce

5. Chayanne es un cantante que se ha transformado y ahora _____ .

    a. sólo canta temas medio roqueros y salta en el escenario
    b. ha dejado de cantar y deja que su guitarra exprese sus sentimientos
    c. canta temas románticos a veces tocando él mismo la guitarra

II. Historia y cultura

El siguiente ejercicio comprueba si has comprendido la lectura **Del pasado al presente** y la **Ventana al Mundo 21** que aparecen en la Lección 3 de esta unidad. Escoge la respuesta que complete mejor cada oración. (9 puntos)

1. Si se compara con la República Dominicana, el territorio de Puerto Rico es _____ .

    a. de menor extensión
    b. más grande
    c. casi igual

2. Los taínos que vivían allí antes de 1492, llamaban a la isla que ahora se conoce como Puerto Rico, _____ .

    a. Mayagüez   **b.** Borinquen   **c.** Quisqueya

3. Puerto Rico forma parte de _____ .

    a. las Antillas Mayores
    b. las Antillas Menores
    c. las Bahamas

4. El conquistador español que fue el fundador de Caparra (el antiguo nombre de la ciudad de San Juan) es _____ .

    a. Diego Velázquez
    b. Juan Ponce de León
    c. Hernán Cortés

5. Puerto Rico pasó a ser territorio de EE.UU. en _____ .

    a. 1848   **b.** 1898   **c.** 1900

6. Los puertorriqueños residentes en la isla _____ .

    a. son ciudadanos de EE.UU.
    b. necesitan visa para entrar a EE.UU.
    c. son considerados ciudadanos extranjeros por el gobierno de EE.UU.

7. La constitución aprobada en 1952 convirtió a Puerto Rico en _____ .

    a. el estado número 51 de EE.UU.
    b. un Estado Libre Asociado de EE.UU.
    c. un país independiente

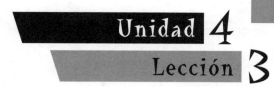
8. Como parte de este acuerdo con EE.UU., _____ .

   a. Puerto Rico tiene sus propias fuerzas armadas

   b. hay embajadas diplomáticas de Puerto Rico en las principales capitales del mundo

   c. los residentes y las empresas establecidas en Puerto Rico no pagan impuestos federales

9. En noviembre de 1993, la mayoría de los puertorriqueños votaron _____ .

   a. a favor de convertirse en un estado de EE.UU.

   b. por la resolución que transforma a Puerto Rico en un país independiente

   c. a favor de continuar el Estado Libre Asociado (ELA)

III. Estructura en contexto

A **Esperanzas.** Los puertorriqueños tienen muchas ideas sobre el futuro de su isla. A continuación, algunas de ellas. Usa el presente de subjuntivo de los verbos que aparecen entre paréntesis. (6 puntos)

1. Esperan que _____ (reducirse) la emigración.

2. Exigen que _____ (conservarse) el idioma español.

3. Aconsejan que _____ (diversificarse) la economía.

4. Piden que _____ (mantenerse) los lazos con los otros

   países hispanos.

5. No quieren que Puerto Rico _____ (ser) una nación

   independiente.

6. Desean que no _____ (morir) las tradiciones hispanas.

B **Reglas de trabajo.** ¿Qué tienen que hacer los empleados de tu oficina? Usa el presente de subjuntivo de los verbos que aparecen entre paréntesis. (5 puntos)

1. Es necesario que nosotros no _____ (hacer) ruido.

2. Es importante que todo el mundo _____ (llegar) a la hora.

3. Es urgente que yo _____ (trabajar) horas extras a veces.

4. Es esencial que todos _____ (ser) amables con el público.

5. Es preferible que mis colegas y yo _____ (resolver) los

   problemas con prontitud.

C **Puerto Rico.** Los estudiantes expresan diversas opiniones e ideas acerca de Puerto Rico. Para saber lo que dicen, forma oraciones con los elementos dados. Escoge el presente de indicativo o de subjuntivo de los verbos. (5 puntos)

1. es malo: Puerto Rico / no tener mucha tierra cultivable

   _____

   _____

2. me parece: el español ser una lengua oficial

   _____

   _____

3. dudo: los puertorriqueños tener los mismos derechos que los ciudadanos de los Estados Unidos

   _____

   _____

4. creo: un gobernador administrar la Isla

   _____

   _____

5. es sorprendente: los puertorriqueños tener que hacer el servicio militar como los ciudadanos estadounidenses

   _____

   _____

IV. Lectura

El Viejo San Juan

La capital de Puerto Rico es una de las ciudades más antiguas de América. Debe su origen al conquistador español Juan Ponce de León quien fundó una ciudad con el nombre de Caparra en 1508 que luego pasó a ser conocida como San Juan.

Desde 1949 el viejo sector de la ciudad ha sido declarado oficialmente una zona histórica donde todas las nuevas construcciones deben hacerse en el estilo arquitectónico original utilizado durante la época colonial hispana. Algunas de sus estrechas calles fueron pavimentadas con piedras azules traídas como lastre o contrapeso en galeones desde España. En este sector antiguo de San Juan abundan las iglesias y las plazas típicas. Muchas casas coloniales han sido renovadas recientemente y mantienen sus pintorescos balcones, sus canceles de hierro forjado y sus patios interiores llenos de plantas tropicales.

Todo en el Viejo San Juan evoca otra época de una vida más apacible y acogedora. Se conservan antiguas edificaciones coloniales como la Puerta de San Juan, la Capilla del Cristo y la Casa Blanca que se mandó a construir el primer gobernador de la Isla, Juan Ponce de León en 1521 y que ahora sirve de museo histórico. Muchos de estos edificios han resistido el paso del tiempo y los huracanes mejor que muchas construcciones más modernas.

El Viejo San Juan. Indica si los siguientes comentarios son ciertos o falsos. (6 puntos)

C   F   **1.** San Juan, una de las capitales más antiguas de América, fue fundada con otro nombre en 1508.

C   F   **2.** La ciudad fue fundada por Cristóbal Colón.

C   F   **3.** En 1949, el sector antiguo de San Juan fue declarado oficialmente una zona histórica y todas las nuevas construcciones tienen que ser de estilo victoriano.

C   F   **4.** Algunas de sus estrechas calles fueron pavimentadas con piedras azules traídas como lastre o contrapeso en galeones desde España.

C   F   **5.** Casi todas las casas coloniales fueron destruidas y ahora sólo existe el recuerdo de lo que fue el Viejo San Juan.

C   F   **6.** En el Viejo San Juan se puede visitar la Casa Blanca construida por Juan Ponce de León en 1521 y que ahora sirve de museo histórico.

V. Composición

Puerto Rico y Cuba. Escribe una composición describiendo las semejanzas y las diferencias entre Puerto Rico y Cuba. Puedes mencionar la geografía, la cultura y la historia de los dos países. (14 puntos)

_____

_____

_____

_____

_____

_____

_____

_____

_____

_____

_____

_____

_____

_____

_____

_____

_____

_____

_____

_____

_____

_____

_____

I. Gente del Mundo 21

Un poeta cubano. Escucha lo que dicen dos estudiantes de literatura latinoamericana de la Universidad de La Habana sobre uno de los poetas hispanoamericanos más reconocidos del siglo XX. Luego, escoge la respuesta que complete mejor cada oración. (6 puntos)

1. El poeta Nicolás Guillén nació en 1902, en _____ .

    a. La Habana   **b.** Santiago   **c.** Camagüey

2. Su padre sirvió a la república como _____ .

    a. senador   **b.** presidente   **c.** diputado

3. Sus dos primeros libros, *Motivos del son* de 1930 y *Sóngoro cosongo* de 1931, _____ .

    a. tienen versos complejos inspirados en la literatura francesa
    b. tienen versos sencillos inspirados en los ritmos y tradiciones afrocubanos
    c. tienen versos principalmente inspirados en la poesía del Siglo de Oro español

4. Uno de los estudiantes cubanos dice que cuando lee los poemas de estos dos libros en voz alta _____ .

    a. casi los puede cantar
    b. se pone a llorar
    c. se le hace muy difícil comprenderlos

5. Durante la dictadura de Fulgencio Batista, de 1952 a 1958, Guillén _____ .

    a. fue presidente de la Unión de Escritores y Artistas Cubanos
    b. dejó de escribir poesía
    c. vivió en el exilio

6. Nicolás Guillén murió en _____ .

    a. 1969   **b.** 1979   **c.** 1989

II. Historia y cultura

El siguiente ejercicio comprueba si has comprendido las lecturas **Del pasado al presente** y las **Ventanas al Mundo 21** que aparecen en las Lecciones 1, 2 y 3 de esta unidad. Escoge la respuesta que complete mejor cada oración. (10 puntos)

1. La primera capital del imperio español en América fue _____ .

   a. Santo Domingo　　**b.** La Habana　　**c.** San Juan

2. Los indígenas que habitaban las islas de Cuba, La Española y Puerto Rico eran _____ .

   a. los mayas　　**b.** los aztecas　　**c.** los taínos

3. España cedió a EE.UU. los territorios de Puerto Rico, Guam y las Filipinas y renunció a su dominio de Cuba por el Tratado de París de _____ .

   a. 1848　　**b.** 1898　　**c.** 1902

4. En la República Dominicana llaman el "padre de la patria" a _____ .

   a. José Martí
   b. Juan Pablo Duarte
   c. Pedro Santana

5. José Martí, uno de los grandes poetas y pensadores hispanoamericanos del siglo XIX, también es reconocido como _____ .

   a. el héroe nacional de Cuba
   b. el precursor del surrealismo en la poesía
   c. un revolucionario comunista

6. En 1917 el Congreso de EE.UU. pasó la Ley Jones que _____ .

   a. cedió a EE.UU. Puerto Rico, Cuba y otras islas
   b. declaró a todos los residentes de la isla de Puerto Rico ciudadanos estadounidenses
   c. cedió a Francia la totalidad de la isla de La Española

7. El dictador Rafael Leónidas Trujillo gobernó la República Dominicana durante _____ .

   a. una década　　**b.** dos décadas　　**c.** tres décadas

8. El movimiento revolucionario dirigido por Fidel Castro finalmente provocó la caída en 1958 de _____ .

   a. Rafaél Leónidas Trujillo
   b. Fulgencio Batista
   c. Luis Muñoz Marín

9. El político dominicano que fue elegido presidente de la República Dominicana en 1966 y ha sido reelegido presidente en varias ocasiones desde entonces es _____ .

   a. Juan Bosch
   b. Rafael Leónidas Trujillo
   c. Joaquín Balaguer

10. En noviembre de 1993, los puertorriqueños votaron por el sistema político de su preferencia. El programa que menos votos recibió (4,4 por ciento) fue _____ .

   a. continuar siendo el Estado Libre Asociado con EE.UU.
   b. convertirse en el estado número 51 de EE.UU.
   c. pedir la independencia

III. Estructura en contexto

A   **Juan Luis Guerra.** Expresa los siguientes datos acerca del merenguero dominicano Juan Luis Guerra usando la voz pasiva. (12 puntos)

1. Juan Luis Guerra ayuda a los dominicanos pobres.

   _____

   _____

2. Muchos latinoamericanos conocen a este cantante dominicano.

   _____

   _____

3. Este cantante vende millones de discos.

   _____

   _____

4. Juan Luis Guerra grabó algunas canciones para el álbum *Ojalá que llueva café*.

   _____

   _____

5. Juan Luis Guerra admira a poetas como Federico García Lorca y Pablo Neruda.

   _____

   _____

6. En el desarrollo de la música caribeña, el merengue precedió a la salsa.

   _____

   _____

B   **Tenemos visitas.** Unos primos vienen a visitar a tu familia durante el verano. Quieren saber qué se hace en tu ciudad para divertirse los fines de semana. Contesta usando la construcción del **se** pasivo. (6 puntos)

1. escuchar música

   _____

2. salir con los amigos

   _____

3. bailar en las discotecas

   _____

4. organizar una fiesta

_____

5. hacer excursiones

_____

6. visitar museos

_____

C **¡Un huracán!** Según un miembro de la defensa civil, ¿qué es importante que ustedes hagan para estar preparados en caso de un alerta de huracán? Contesta usando las expresiones impersonales **Es necesario que (nosotros)..., Es importante que (nosotros)...** y **Es bueno que (nosotros)...** (6 puntos)

1. llenar el tanque de gasolina del coche

_____

2. poner agua limpia en la bañera

_____

3. congelar botellas de agua

_____

4. saber dónde está la linterna

_____

5. tener un radio en buenas condiciones

_____

6. preparar comida para varios días

_____

D **Pretextos.** Tú quieres ir a un concierto de Juan Luis Guerra el sábado, pero ninguno de tus amigos te puede acompañar. ¿Qué pretextos buscan? (7 puntos)

Modelo Es posible que (trabajar) hasta tarde esa noche.

Es posible que yo trabaje hasta tarde esa noche.

Estoy seguro de que (trabajar) hasta tarde esa noche.

Estoy seguro de que yo trabajo hasta tarde esa noche.

1. Es importante que _____ (terminar) un trabajo de investigación esa noche.

2. Es seguro que _____ (no regresar) hasta el domingo.

3. Es esencial que _____ (asistir) a una fiesta de cumpleaños esa noche.

4. Es mejor que _____ (estudiar) esa noche.

5. Creo que _____ (tener) que cuidar a mi hermanita esa noche.

6. Dudo que _____ (estar) libre porque tengo cita con mi novio(a) esa noche.

7. Sé que _____ (ir) a trabajar esa noche.

E **Hay que cuidarse.** ¿Qué recomendaciones generales les hacen los cardiólogos a sus pacientes? Para saber cuáles son, completa estas oraciones con mandatos formales plurales. (6 puntos)

1. _____ (Hacerse) exámenes por un médico regularmente.

2. No _____ (subir) de peso.

3. _____ (Comer) con moderación.

4. _____ (Seguir) una dieta equilibrada.

5. No _____ (consumir) demasiados productos grasos.

6. _____ (Hacer) ejercicios.

F **Sugerencias.** Un amigo que no recibe muy buenas notas quiere que le aconsejes. Usa mandatos informales para darle consejos. (5 puntos)

1. _____ (Hablar) con tus profesores.

2. _____ (Pedirles) ayuda.

3. _____ (Leer) la lección con atención.

4. _____ (Hacer) una lista de tus dudas.

5. _____ (Reunirse) con otros compañeros para estudiar.

IV. Lectura

El Morro

El famoso Castillo de San Felipe del Morro conocido popularmente como El Morro se levanta a la entrada de la bahía de San Juan. La importancia estratégica de Puerto Rico obligó a los españoles a construir El Morro en 1591 para proteger a la ciudad de San Juan de los frecuentes ataques de piratas. Algunos años más tarde, en 1625, se construyó la fortaleza de San Cristóbal en la parte nordeste de la ciudad.

En 1595, Puerto Rico sufrió un ataque de Sir Francis Drake, pero éste no pudo tomar la ciudad de San Juan. En 1625, una armada holandesa incendió San Juan aunque no consiguió capturar la fortaleza de El Morro.

Los gruesos muros de piedra de El Morro permitían el desplazamiento de cañones. Aunque El Morro sigue siendo una imponente fortificación, ahora se ha convertido en uno de los lugares más visitados por turistas y se ha constituido en el símbolo de la ciudad de San Juan y del espíritu de resistencia de los puertorriqueños.

El Morro. Indica si los siguientes comentarios son ciertos o falsos.
(6 puntos)

C   F   **1.** El castillo de El Morro se levanta en una colina a unas diez millas de la bahía de San Juan.

C   F   **2.** Los españoles construyeron la fortaleza de El Morro en 1591 para proteger la ciudad de los ataques de piratas.

C   F   **3.** En 1595, Sir Francis Drake logró ocupar la ciudad de San Juan.

C   F   **4.** Tres años más tarde, en 1598, una armada holandesa capturó e incendió la fortaleza de El Morro.

C   F   **5.** El nombre oficial de El Morro es Fortaleza de San Cristóbal de El Morro.

C   F   **6.** El Morro se ha convertido en el símbolo de la ciudad de San Juan.

V. Composición

Juan Luis Guerra. Escribe una composición sobre la vida y obra de Juan Luis Guerra, el cantante dominicano que ha logrado una fama internacional. ¿Qué tipo de persona es? ¿Dónde conoció a su futura esposa? ¿Qué es la Fundación 4-40? ¿Qué opinión tienes del cantante después de leer el artículo "Juan Luis Guerra: el poeta que canta al mundo" de Marta Madina? (36 puntos)

_____

_____

_____

_____

_____

_____

_____

_____

_____

_____

_____

_____

_____

_____

_____

_____

_____

_____

_____

_____

_____

_____

I. Comprensión oral

Las tres hispanidades. Escucha lo que dicen dos estudiantes después de ver una serie de programas culturales grabados para la televisión por el escritor mexicano Carlos Fuentes. Luego, escoge la respuesta que complete mejor cada oración. (18 puntos-3 c.u.)

1. La serie de cinco programas que grabó Carlos Fuentes para la televisión se titula _____ .

   a. *El encuentro de tres mundos*
   b. *El espejo enterrado: reflexiones sobre España y el Nuevo Mundo*
   c. *La realidad multicultural del mundo hispánico*

2. El programa de la serie que más le gustó a Inés se llama _____ .

   a. "Las tres hispanidades"
   b. "El precio de la libertad"
   c. "Tres mundos"

3. La primera hispanidad surge en _____ .

   a. el mar Caribe
   b. Norteamérica
   c. la Península Ibérica

4. Según Carlos Fuentes, en los últimos veinte años España se ha convertido en _____ .

   a. una nación donde la agricultura sigue siendo la actividad económica principal
   b. una nación moderna, industrial y democrática
   c. una dictadura con apariencia de democracia

5. En la actualidad, Latinoamérica o la segunda hispanidad es una región _____ .

   a. donde la mayoría de la población vive en ciudades
   b. donde la cultura tradicional sigue intacta y sin cambios
   c. que no ha sido afectada ni por la urbanización ni por la industrialización

6. La tercera hispanidad está formada por _____ .

   a. los mestizos que viven por toda Latinoamérica
   b. todos los hispanos que viven fuera de Latinoamérica
   c. todos los hispanos que viven en EE.UU.

II. Gente del Mundo 21

Comprueba si recuerdas a la **Gente del Mundo 21** que has conocido en las Unidades 1 a 4. Escoge la respuesta que complete mejor cada oración. (18 puntos-2 c.u.)

1. Considerado el iniciador del teatro chicano, el fundador del Teatro Campesino en 1965 es _____ .

    a. Luis Valdez
    b. Edward James Olmos
    c. Henry Cisneros

2. La única persona que ha ganado los cuatro premios más prestigiosos del mundo del espectáculo: el "Óscar", el "Emmy", el "Tony" y el "Grammy" es _____ .

    a. Rosie Pérez   **b.** Chita Rivera   **c.** Rita Moreno

3. El escritor cubanoamericano _____ fue galardonado con el Premio Pulitzer de Ficción en 1990 y es conocido como uno de los mejores escritores de su generación. Su novela *Los reyes del mambo tocan canciones de amor* (1989) fue llevada al cine con mucho éxito con el título de *The Mambo Kings*.

    a. Xavier Suárez   **b.** Oscar Hijuelos   **c.** Andy García

4. El pintor español Pablo Picasso (1881-1973) es considerado uno de los creadores del _____ .

    a. realismo
    b. surrealismo
    c. cubismo

5. Estos artistas mexicanos reconocidos como dos de los más importantes del siglo XX, él en particular por sus maravillosos murales y ella por sus retratos y autorretratos, son _____ .

    a. Luis Miguel y Alejandra Guzmán
    b. Diego Rivera y Frida Kahlo
    c. Carlos Fuentes y Elena Poniatowska

6. La publicación de su biografía en 1983 la hizo famosa por todo el mundo y en 1992, la guatemalteca _____ recibió el Premio Nóbel de la Paz.

    a. Rigoberta Menchú
    b. Nancy Morejón
    c. Gabriela Mistral

7. _____ es un pintor cubano mundialmente reconocido, cuyas pinturas reflejan la tradición africana.

   a. Nicolás Guillén   **b.** Wifredo Lam   **c.** Eliseo Diego

8. El tímido compositor e intérprete dominicano de melódicos merengues, tremendamente popular en Latinoamérica, EE.UU. y España es _____.

   a. Juan Luis Guerra
   b. Joaquín Balaguer
   c. José Rijo

9. El político puertorriqueño que fue el primer gobernador elegido directamente por los puertorriqueños, y que fue elegido gobernador de la isla cuatro veces es _____.

   a. Elmer Figueroa Arce
   b. Pedro Rosella
   c. Luis Muñoz Marín

III.   Del pasado al presente

Comprueba si recuerdas lo que has leído en las secciones **Del pasado al presente** de las Unidades 1 a 4. Escoge la respuesta que complete mejor cada oración. (34 puntos-2 c.u.)

1. El Tratado de Guadalupe-Hidalgo que se firmó en 1848, terminó la guerra entre _____ .

    a. España y EE.UU.   **b.** México y EE.UU.   **c.** México y España

2. La palabra "chicano" hace referencia a un origen _____ .

    a. indígena   **b.** hispano   **c.** español

3. En la ciudad de Nueva York viven _____ en San Juan, la capital de Puerto Rico.

    a. más puertorriqueños que
    b. menos puertorriqueños que
    c. casi tantos puertorriqueños como

4. Tanto los puertorriqueños que viven en la isla de Puerto Rico como los que viven en el continente _____ .

    a. pueden votar en las elecciones presidenciales de EE.UU.
    b. tienen que pagar impuestos federales
    c. pueden ser llamados a servir en las fuerzas armadas de EE.UU.

5. De todos los hispanos que viven en EE.UU., los que han logrado mayor prosperidad económica son _____ .

    a. los puertorriqueños
    b. los cubanoamericanos
    c. los chicanos

6. Se calcula que entre 1965 y 1973 salieron de Cuba a EE.UU. _____ refugiados cubanos.

    a. 60.000   **b.** 260.000   **c.** un millón de

7. Dos pintores importantes del Siglo de Oro español son _____ .

    a. El Greco y Diego de Velázquez
    b. Pablo Picasso y Salvador Dalí
    c. Antonio Gaudí y Pedro Almodóvar

8. La España del rey Juan Carlos I se caracteriza por ser un país _____.

  a. económicamente desarrollado, con instituciones democráticas consolidadas
  b. donde el gobierno controla la vida política y social mediante la prohibición de los partidos políticos, la censura y la vigilancia estricta
  c. sumergido en una constante lucha entre liberales y reaccionarios con frecuentes rebeliones populares y guerras de guerrillas

9. Tenochtitlán fue fundada en 1325 por los _____, en el lugar que hoy ocupa el centro de la Ciudad de México.

  a. teotihuacanos   **b.** mayas   **c.** aztecas

10. El movimiento social que empezó en 1910 en México y que llevó a la proclamación de una nueva constitución, es _____.

  a. el "porfiriato"
  b. la Revolución Mexicana
  c. la invasión francesa

11. La mayoría de los guatemaltecos son indígenas de origen _____.

  a. azteca   **b.** olmeca   **c.** maya

12. El presidente guatemalteco que fue elegido democráticamente en 1954 y que inició reformas económicas y sociales ambiciosas hasta ser derrocado por los militares fue _____.

  a. Jorge Ubico
  b. Juan José Arévalo
  c. Jacobo Arbenz Guzmán

13. El héroe nacional de Cuba que vivió más de quince años en Nueva York y escribió la mayoría de sus obras allí es _____.

  a. Fidel Castro
  b. Fulgencio Batista
  c. José Martí

14. En diciembre de 1958, Fidel Castro provocó la caída _____.

  a. del comunismo en Cuba
  b. de Fulgencio Batista
  c. de la Bahía de Cochinos

15. Se calcula que antes de 1492 había alrededor de un millón de taínos y cincuenta años más tarde esta población indígena había sido reducida a menos de quinientas personas en _____, la primera colonia española de América.

    a. La Española   **b.** Cuba   **c.** Puerto Rico

16. El dictador que dominó la República Dominicana durante más de tres décadas es _____.

    a. José Núñez de Cáceres
    b. Rafael Leónidas Trujillo
    c. Juan Pablo Duarte

17. La constitución aprobada en 1952 convirtió a Puerto Rico en _____.

    a. el estado número cincuenta y uno de EE.UU.
    b. un Estado Libre Asociado de EE.UU.
    c. un país independiente

IV. Estructura

A **Mi rutina.** Habla de tu vida diaria. Escoge el presente de indicativo o subjuntivo de los verbos que aparecen entre paréntesis. (15 puntos)

Yo no (1. creer) que (2. tener) una vida muy interesante. (3. levantarse)

temprano, (4. ducharse), (5. arreglarse) y (6. salir) para mis clases.

(7. Ser) necesario que (8. salir) antes de las siete para llegar

puntualmente. (9. Dudar) que (10. ser) un(a) estudiante excelente,

pero siempre (11. sacar) buenas notas. A mis amigos les (12. sorprender)

que me (13. gustar) la física porque todos (14. decir) que (15. ser) una

materia muy difícil.

B **Sonsonate.** Completa la siguiente narración para conocer una ciudad salvadoreña. Completa el párrafo escogiendo las formas verbales correctas de los verbos que aparecen entre paréntesis. (15 puntos)

Hoy (1. ser / estar) lunes y (2. ser / estar) en San Salvador, la capital de

El Salvador. Ayer (3. pasar) todo el día en Sonsonate, que (4. ser / estar)

una ciudad salvadoreña que (5. ser / estar) a unos sesenta kilómetros de

San Salvador. (6. Ir) a Sonsonate porque (7. querer) conocer una ciudad

más pequeña que la capital. (8. Hacer) el viaje por autobús. Al llegar,

(9. dar) un paseo rápido por el centro. Luego, (10. ir) al mercado donde

(11. comprar) un maletín de cuero. (12. Visitar) el salto de agua del

río Sensunayán. En la tarde, (13. estar) cansado, pero muy contento.

(14. Creer) que (15. ser) una buena idea ir a Sonsonate.

V. Composición (optativa)

Discurso. Imagínate que eres asesor(a) de Luis Muñoz Marín, el primer gobernador elegido directamente por los puertorriqueños. Tienes que preparar un discurso que el Gobernador pronunciará por la radio a favor de la nueva constitución de Puerto Rico que transformará a la Isla en Estado Libre Asociado de EE.UU. en 1952. Explica brevemente las características de esta nueva relación entre Puerto Rico y EE.UU. (50 puntos)

_____

_____

_____

_____

_____

_____

_____

_____

_____

_____

_____

_____

_____

_____

_____

_____

_____

_____

_____

_____

_____

_____

_____

Unidades 1–4
Examen final

I. Comprensión oral

Indica la respuesta correcta. (18 puntos-3 c.u.)

Total _____

Nota final _____

1. a   b   c   **4.** a   b   c

2. a   b   c   **5.** a   b   c

3. a   b   c   **6.** a   b   c

II. Gente del Mundo 21

Indica la respuesta correcta. (18 puntos-2 c.u.)

1. a   b   c   **6.** a   b   c

2. a   b   c   **7.** a   b   c

3. a   b   c   **8.** a   b   c

4. a   b   c   **9.** a   b   c

5. a   b   c

III. Del pasado al presente

Indica la respuesta correcta. (34 puntos-2 c.u.)

1. a   b   c   **10.** a   b   c

2. a   b   c   **11.** a   b   c

3. a   b   c   **12.** a   b   c

4. a   b   c   **13.** a   b   c

5. a   b   c   **14.** a   b   c

6. a   b   c   **15.** a   b   c

7. a   b   c   **16.** a   b   c

8. a   b   c   **17.** a   b   c

9. a   b   c

IV. Estructura

A **Mi rutina.** Indica la respuesta correcta. (15 puntos)

1. creo   crea
2. tengo   tenga
3. Me levanto   Me levante
4. me ducho   me ducha
5. me arreglo   me arregla
6. salgo   salga
7. Es   Sea
8. salgo   salga
9. Dudo   Dude
10. soy   sea
11. saco   saque
12. sorprende   sorprenda
13. gusta   guste
14. dicen   digan
15. es   sea

B **Sonsonate.** Indica la respuesta correcta. (15 puntos)

1. es   está
2. soy   estoy
3. pasé   pasaba
4. es   está
5. es   está
6. Fui   Iba
7. quise   quería
8. Hice   Hacía
9. di   daba
10. fui   iba
11. compré   compraba
12. Visité   Visitaba
13. estaba   estuve
14. Creo   Crea
15. fue   era

I.   Gente del Mundo 21

Un escritor salvadoreño. Escucha lo que dicen dos estudiantes salvadoreños después de leer la obra de un escritor de su país. Luego, escoge la respuesta que complete mejor cada oración. (5 puntos)

1. "Los perros mágicos de los volcanes" de Manlio Argueta, es un cuento _____ .

   a. realista   **b.** infantil   **c.** de misterio

2. A Esperanza, este cuento le hizo recordar a su abuela que siempre le contaba cuentos de _____ .

   a. fantasmas   **b.** tesoros   **c.** cadejos

3. Manlio Argueta es un escritor que comenzó su carrera literaria como poeta, pero se ha distinguido como _____ .

   a. dramaturgo   **b.** guionista   **c.** novelista

4. Las dos novelas de Manlio Argueta que ha leído Ernesto, *Un día en la vida* y *Cuzcatlán, donde bate la mar del Sur,* _____ .

   a. tratan de la realidad que viven las familias de campesinos salvadoreños
   b. son novelas infantiles
   c. tratan de la vida de una de las familias más ricas de El Salvador

5. Según Ernesto, Manlio Argueta _____ .

   a. acaba de mudarse con su familia a San José de Costa Rica
   b. vive en EE.UU., en San Francisco
   c. acaba de mudarse de San José de Costa Rica a San Salvador

II. Historia y cultura

El siguiente ejercicio comprueba si has comprendido la lectura **Del pasado al presente** y las dos **Ventanas al Mundo 21** que aparecen en la Lección 1 de esta unidad. Escoge la respuesta que complete mejor cada oración. (8 puntos)

1. San Salvador, la capital del país, está situada en el Valle de las Hamacas, llamado así _____ .

   a. porque abundan las hamacas en esa región
   b. porque exportan hamacas de esa región a todas partes del mundo
   c. porque la tierra se mueve constantemente como una hamaca

2. Los pipiles fueron los últimos indígenas en establecerse en el territorio que hoy es El Salvador, al que nombraron _____ .

   a. Aztlán   **b.** Utatlán   **c.** Cuzcatlán

3. En 1825, Manuel José Arce fue elegido como el primer presidente de _____ .

   a. la Capitanía General de Guatemala
   b. El Salvador
   c. las Provincias Unidas de Centroamérica

4. Al final del siglo XIX el cultivo _____ impulsó un considerable desarrollo económico en El Salvador.

   a. del café   **b.** del maíz   **c.** del azúcar

5. En la masacre de 1932, murieron más de _____ personas.

   a. 10.000   **b.** 20.000   **c.** 30.000

6. En 1969 se produjo lo que se conoce como "La guerra del fútbol" entre El Salvador y _____ .

   a. Nicaragua   **b.** Honduras   **c.** Guatemala

7. La palabra "cipote" se usa en El Salvador para referirse a _____ .

   a. un tipo de fruta   **b.** un pájaro   **c.** un niño

8. El Frente Farabundo Martí para la Liberación Nacional (FMLN) es _____ .

   a. una organización política de derecha
   b. una organización política de izquierda
   c. una organización del Partido Demócrata Cristiano

III.   Estructura en contexto

A   **Unos partidos políticos.** Expresa la siguiente información acerca del PDC y ARENA, dos partidos políticos salvadoreños, combinando las dos oraciones dadas en una sola. Usa un pronombre relativo para unir las dos oraciones. (5 puntos)

1. Un partido político ha prometido hacer reformas sociales. Este partido político es el Partido Demócrata Cristiano (PDC).

    _____

    _____

2. El PDC salvadoreño fue creado en 1960. Su fundador fue José Napoleón Duarte.

    _____

    _____

3. José Napoleón Duarte fue un miembro distinguido del PDC. Él llegó a ser presidente de la república.

    _____

    _____

4. El PDC perdió las elecciones. Las elecciones se celebraron en 1989.

    _____

    _____

5. El candidato fue Alfredo Cristiani. El pueblo salvadoreño eligió a un candidato en 1989.

    _____

    _____

B **El folklore centroamericano.** Completa la historia de los cadejos y don Toño con el pronombre relativo apropiado. (6 puntos)

Los cadejos, perros mágicos _____ (1) viven en la falda de las

montañas, ayudan a los hombres. Sin embargo, don Toño, un hombre rico

_____ (2) tenía grandes posesiones de tierra, odiaba a los

cadejos, _____ (3) según él, hacían perezosos a sus

trabajadores. Así, don Toño alistó a sus soldados de plomo. Los soldados

de plomo, _____ (4) misión era destruir a los cadejos, salieron

hacia las montañas. Afortunadamente, los cadejos fueron salvados por dos

volcanes _____ (5) derritieron a los soldados. Don Toño

abandonó sus tierras, en _____ (6) se instalaron sus antiguos

trabajadores. Los cadejos y los trabajadores vivieron en paz.

C **El trabajo.** Tu amiga Nora quiere cambiar de trabajo. Para saber por qué, completa las oraciones con los verbos que aparecen entre paréntesis escogiendo la forma apropiada del presente de indicativo o de subjuntivo, según convenga. (6 puntos)

No me gusta el trabajo que _____ (1. tener) ahora. Es un

trabajo que _____ (2. requerir) demasiado esfuerzo muscular.

Es un trabajo que me _____ (3. cansar) mucho. Necesito un

trabajo que _____ (4. ser) menos agotador (*exhausting*) y que

_____ (5. pagar) mejor. Además, quiero un jefe que me

_____ (6. permitir) trabajar y estudiar al mismo tiempo.

IV. Lectura

> ### El café: ¿un bien o un mal?
>
> El café es uno de los cultivos más importantes de muchos países latinoamericanos, incluso El Salvador. Sirvió de base para el desarrollo económico de la región durante la segunda mitad del siglo XIX.
>
> El nombre del café se deriva de Kaffa, región situada en el suroeste de Etiopía, África, donde se cree que se originó la planta. Por mucho tiempo, su cultivo estaba limitado al África oriental y a Arabia. En el siglo XVIII los ingleses lo trajeron a Jamaica, de donde pasó a Latinoamérica.
>
> El cultivo de este grano comenzó en El Salvador en 1840 y llegó a su auge en 1870. La riqueza obtenida por la exportación del café favoreció el establecimiento de una oligarquía, o sea el dominio autoritario de una minoría rica. Los cultivadores del café se adueñaron de las tierras de miles de campesinos. Estas tierras pasaron a ser parte de grandes plantaciones de café que beneficiaban a unas cuantas familias de terratenientes. La concentración de las tierras en pocas manos y la riqueza desproporcionada explican en parte los conflictos sociales que estallan en el siglo XX en El Salvador.

El café. Indica si los siguientes comentarios son ciertos o falsos.
(5 puntos)

C F **1.** El café es una planta que se originó en Colombia.

C F **2.** La producción del café comenzó en El Salvador en 1840 y llegó a su auge en 1870.

C F **3.** Muchos campesinos salvadoreños perdieron sus tierras, las cuales pasaron a formar parte de las grandes plantaciones de café.

C F **4.** El café es un bien para los salvadoreños porque la cafeína les quita el sueño y les permite trabajar más horas cada día.

C F **5.** El café es un mal para los salvadoreños porque la falta de café en el siglo XX ha sido la causa de muchos conflictos sociales en el país.

V. Composición

"Los perros mágicos de los volcanes". Haz un resumen del cuento de Manlio Argueta titulado "Los perros mágicos de los volcanes". ¿En dónde tiene lugar el cuento? ¿Quiénes son los cadejos? ¿Quién no quería a los cadejos? ¿Por qué? ¿Qué sucede al final del cuento? ¿Cuál es la moraleja de este cuento? (15 puntos)

_____

_____

_____

_____

_____

_____

_____

_____

_____

_____

_____

_____

_____

_____

_____

_____

_____

_____

_____

_____

_____

_____

I. Gente del Mundo 21

La presidenta de Nicaragua. Escucha lo que dice un comentarista de una estación de televisión centroamericana al presentar a la presidenta de Nicaragua. Luego, escoge la respuesta que complete mejor cada oración. (5 puntos)

1. En 1950, Violeta Barrios se casó con Pedro Joaquín Chamorro, editor del periódico *La Prensa* y _____ .

    a. uno de los amigos más íntimos de Anastasio Somoza
    b. un conocido político que apoyaba al gobierno somocista
    c. un destacado opositor al dictador Anastasio Somoza

2. Después del asesinato de su esposo, doña Violeta Barrios de Chamorro _____ .

    a. vendió el periódico *La Prensa* y se mudó a Miami
    b. se ocupó de la dirección del periódico *La Prensa*
    c. no se interesó más en la publicación del periódico *La Prensa*

3. De julio de 1979 a abril de 1980, Violeta Barrios de Chamorro formó parte _____ , el grupo que tomó el poder después de la caída de Somoza.

    a. de la junta revolucionaria
    b. de la Corte Suprema de la Justicia
    c. del movimiento contrarrevolucionario

4. Violeta Barrios de Chamorro llegó a la presidencia en 1990 _____ .

    a. como resultado de un golpe militar
    b. después de una invasión fomentada por los EE.UU.
    c. después de triunfar en las elecciones libres

5. El gobierno de Chamorro logró _____ de las fuerzas contrarrevolucionarias.

    a. el aumento
    b. la reconciliación
    c. el encarcelamiento

II. Historia y cultura

El siguiente ejercicio comprueba si has comprendido la lectura **Del pasado al presente** y las dos **Ventanas al Mundo 21** que aparecen en la Lección 2 de esta unidad. Escoge la respuesta que complete mejor cada oración. (10 puntos)

1. El país más grande en extensión en Centroamérica es _____ .

    a. Guatemala   **b.** Honduras   **c.** Nicaragua

2. La capital de Honduras es _____ .

    a. Tegucigalpa   **b.** San Pedro Sula   **c.** San José

3. El nombre de Nicaragua se derivó del pueblo nicarao, un grupo _____ .

    a. maya   **b.** caribe   **c.** nahua

4. Honduras y Nicaragua formaron parte de las Provincias Unidas de Centroamérica de 1822 a _____ .

    a. 1838   **b.** 1858   **c.** 1856

5. Managua fue elegida como capital de Nicaragua en 1857 para terminar con el conflicto entre las ciudades de León y _____ .

    a. Masaya   **b.** Estelí   **c.** Granada

6. Los principales ingresos comerciales de Honduras se basan en la exportación de _____ .

    a. café   **b.** plátanos   **c.** cocos

7. La familia que dominó Nicaragua de 1937 a 1979 son _____ .

    a. los Somoza   **b.** los Chamorro   **c.** los Cáceres

8. César Augusto Sandino fue líder de un grupo de guerrilleros nicaragüenses que lucharon _____ .

    a. contra las tropas españolas
    b. contra las tropas de EE.UU.
    c. contra las tropas inglesas

9. El grupo político nicaragüense que triunfó el 29 de julio de 1979 fue _____ .

    a. el Frente Farabundo Martí de Liberación Nacional (FMLN)
    b. el Frente Sandinista de Liberación Nacional (FSLN)
    c. la Unión Nacional Opositora (UNO)

10. En abril de 1990 hubo un cambio en la presidencia en Nicaragua debido a _____ .

    a. las elecciones   **b.** un golpe militar   **c.** la muerte del presidente

III. Estructura en contexto

A **Al teatro.** Tú y tus amigos hablan de ir a ver una obra de teatro el fin de semana próximo. Completa la oración con la forma apropiada del presente de indicativo o de subjuntivo del verbo que aparece entre paréntesis. (5 puntos)

1. Con tal de que Uds. _____ (salir) conmigo, voy al teatro.

2. Quiero ir al teatro "Estrellas" porque la obra que ponen me

   _____ (interesar) mucho.

3. Quiero ver la obra antes de que la compañía _____ (irse) a

   otra ciudad.

4. Yo ya _____ (conocer) la obra. Lo que quiero ver es cómo

   la ponen en escena.

5. Voy a avisarle a mi hermano para que él _____ (sacar) las

   entradas.

B **Planes para el verano.** Tú y tus amigos hablan de lo que piensan hacer el verano que viene. Completa las oraciones con el presente de indicativo o subjuntivo del verbo que aparece entre paréntesis. (5 puntos)

1. Voy a quedarme en la ciudad porque _____ (deber)

   estudiar este verano.

2. Yo también me quedo aquí a menos que mis padres _____

   (decidir) alquilar una casa en la montaña. En ese caso me voy con

   ellos.

3. Tengo ganas de ir a ver a mis primos en México con tal de que ellos

   _____ (poder) ir conmigo a Acapulco.

4. Voy a un pueblito cerca de la costa, ya que unos parientes me

   _____ (invitar) cada verano.

5. En caso de que yo no _____ (conseguir) trabajo en una

   oficina, mi tío me va a dejar trabajar en su tienda de ropa.

IV. Lectura

Un poema. El siguiente poema fue escrito por el poeta nicaragüense Ernesto Cardenal. Figura en una colección de poemas que se titula *Salmos* que fue publicada en 1964. Los poemas de este libro tienen la forma de los salmos de la Biblia y demuestran un tono político de denuncia.

Salmo 1

Bienaventurado el hombre que no sigue las consignas del Partido

ni asiste a sus mítines

ni se sienta en la mesa con los gangsters

ni con los Generales en el Consejo de Guerra

Bienaventurado el hombre que no espía a su hermano

ni delata a su compañero de colegio

Bienaventurado el hombre que no lee los anuncios comerciales

ni escucha sus radios

ni cree en sus slogans

Será como un árbol plantado junto a una fuente

Adaptado de Antología de Ernesto Cardenal.

Un poema. Indica si los siguientes comentarios son ciertos o falsos.
(5 puntos)

C   F   **1.** Este poema de Ernesto Cardenal tiene un tema bíblico.

C   F   **2.** "Bienaventurado" significa "bendito" o "lleno de gracia".

C   F   **3.** En este poema no existen signos de puntuación.

C   F   **4.** Este poema celebra al hombre honrado, al hombre que no se deja corromper.

C   F   **5.** El último verso (línea) del poema incluye una imagen poética bastante negativa del hombre.

V.　Composición

El Grupo Teatral Cadejo.　Imagínate que eres reportero de un periódico de lengua española de EE.UU. Durante un viaje por Nicaragua tienes la oportunidad de conocer a los actores del Grupo Teatral Cadejo. Decides escribir un artículo sobre ellos en el cual hablas de su vida y su trabajo en el teatro. ¿Cómo logran mantenerse los actores del Grupo Teatral Cadejo? ¿Crees que los que trabajan en el teatro en EE.UU. tienen situaciones parecidas? (20 puntos)

_____

_____

_____

_____

_____

_____

_____

_____

_____

_____

_____

_____

_____

_____

_____

_____

_____

_____

_____

_____

_____

_____

_____

_____

I. Gente del Mundo 21

Un político reformador de Costa Rica. Escucha lo que dicen dos ancianos costarricenses después de ver por televisión la toma de posesión del nuevo presidente de Costa Rica. Luego, escoge la respuesta que complete mejor cada oración. (5 puntos)

1. El nuevo presidente de Costa Rica que tomó posesión de su cargo en 1994 es el _____ del presidente José Figueres Ferrer.

    a. nieto   **b.** hijo   **c.** sobrino

2. José Figueres Ferrer se rebeló contra el gobierno costarricense cuando el gobierno _____ .

    a. anuló las elecciones presidenciales de 1948
    b. empezó una reforma agraria radical
    c. se negó a dar un aumento salarial al ejército

3. La constitución costarricense de 1949 _____ .

    a. otorgó privilegios a los militares
    b. estableció un banco especial para el ejército
    c. disolvió al ejército

4. Desde 1949, Costa Rica _____ .

    a. ha sufrido muchos golpes de estado
    b. no ha tenido ningún golpe de estado
    c. ha sobrevivido a varias guerras civiles

5. José Figueres Ferrer fue elegido presidente _____ .

    a. una sola vez   **b.** en dos ocasiones   **c.** en 1948

II. Historia y cultura

El siguiente ejercicio comprueba si has comprendido la lectura **Del pasado al presente** y las dos **Ventanas al Mundo 21** que aparecen en la Lección 3 de esta unidad. Escoge la respuesta que complete mejor cada oración. (8 puntos)

1. Al norte Costa Rica tiene frontera con _____ .

   a. Honduras   **b.** Nicaragua   **c.** El Salvador

2. En proporción a su área, el porcentaje de territorio que Costa Rica dedica a parques nacionales es _____ .

   a. menor que EE.UU.
   b. más grande que EE.UU.
   c. casi igual que EE.UU.

3. En Costa Rica, el porcentaje actual de analfabetismo o personas que no pueden leer ni escribir es de _____ .

   a. 7,2%   **b.** 17,2%   **c.** 27,2%

4. Durante la época colonial, Costa Rica _____ .

   a. fue una región tan rica como México y Perú
   b. tuvo una reducida población española dedicada a la agricultura de subsistencia
   c. permaneció completamente deshabitada

5. De acuerdo con la constitución de 1949, Costa Rica es el único país de Latinoamérica que no tiene _____ .

   a. elecciones   **b.** ejército   **c.** corte suprema

6. El principal producto que exportaba la *United Fruit Company* eran _____ .

   a. plátanos   **b.** mangos   **c.** granos de café

7. En 1987 Óscar Arias Sánchez recibió el Premio Nóbel de _____ .

   a. Literatura   **b.** la Paz   **c.** Ciencias

8. Entre 1950 y 1987 la inscripción de estudiantes en la enseñanza secundaria _____ .

   a. se ha mantenido a un nivel constante
   b. ha experimentado una disminución
   c. ha tenido un crecimiento espectacular

III. Estructura en contexto

A **De excursión.** Unos amigos tuyos van a acampar a un parque nacional este fin de semana. Para saber qué van a hacer allá, completa las oraciones con la forma apropiada del verbo entre paréntesis en subjuntivo. (5 puntos)

1. En cuanto nosotros _____ (llegar), vamos a armar nuestra tienda de campaña.

2. Después de que _____ (armar) la tienda, vamos a recoger leña.

3. Tan pronto como _____ (terminar) de recoger leña, vamos a salir a explorar.

4. Cuando _____ (cansarse) de caminar, vamos a ir a descansar a uno de los muchos lagos que hay por allí.

5. Algunos de nosotros vamos a pescar cuando _____ (salir) en lancha por el lago.

B **Mariposas.** Julia habla de su fascinación por las mariposas *(butterflies)*. Completa las oraciones con la forma apropiada del verbo en presente, pretérito, imperfecto o presente del subjuntivo. (7 puntos)

Cuando era pequeña, me _____ (1. gustar) mirar las

mariposas. Cuando alguien habló de las colecciones de mariposas,

_____ (2. decidir) coger mi primera mariposa para comenzar

mi propia colección. Tan pronto como _____ (3. coger) mi

primera mariposa, me di cuenta de que nunca iba a matar ese insecto

multicolor tan bonito. Así, aunque no llegué a tener una colección de

mariposas, nunca _____ (4. dejar) de sentir una fascinación

por esos insectos. Creo que voy a estar muy contenta el próximo verano

cuando _____ (5. viajar) a Costa Rica. Todos me dicen que los

amantes de la naturaleza sienten que han llegado al paraíso cuando

_____ (6. llegar) allá. Creo que voy a sentir un gran placer

cuando _____ (7. ver) las bellezas naturales costarricenses.

IV. Lectura

Frutas del paraíso

En el Mercado Borbón de San José, Costa Rica o en cualquier típica "feria del agricultor" en la que se cierran calles para la venta de verduras y productos agrícolas, se pueden encontrar frutas tropicales que dan mucho colorido y sabor a las mesas de las familias costarricenses.

La **papaya** es una fruta tropical jugosa, fresca y ligera que recuerda, por su aspecto, al melón. Es originaria de Mesoamérica y se consume como postre, en desayunos, ensaladas, etc. Contiene una enzima denominada papaína que facilita la digestión.

La **piña,** denominada también ananás, es originaria de Sudamérica y posee un apreciable contenido de vitaminas A y C, así como una elevada proporción de azúcares y sales minerales.

El **mango** es conocido como el rey oriental de las frutas. Proviene de la India y los portugueses lo trajeron a América. Su contenido de azúcares llega al 20 por ciento. Los mangos se consumen frescos, como postre, en ensaladas y también en conservas y mermeladas.

Frutas tropicales. Indica si los siguientes comentarios son ciertos o falsos. (5 puntos)

C   F   **1.** La venta de frutas tropicales es algo muy común en Costa Rica.

C   F   **2.** La papaya es una fruta originaria de África.

C   F   **3.** La enzima llamada papaína dificulta la digestión.

C   F   **4.** La piña, que también se llama ananás, es originaria de Sudamérica.

C   F   **5.** El mango proviene de la India y los portugueses lo trajeron a América.

V. Composición

Un país sin ejército. Escribe una composición sobre los beneficios que trajo a Costa Rica la constitución de 1949. ¿Cuáles son algunas ventajas y desventajas de no tener ejército en Costa Rica? Compara la situación política de Costa Rica con la de los otros países centroamericanos.
(20 puntos)

_____

_____

_____

_____

_____

_____

_____

_____

_____

_____

_____

_____

_____

_____

_____

_____

_____

_____

_____

_____

_____

_____

Unidad **5**

Examen

I.   Gente del Mundo 21

Un político sandinista. Escucha lo que dicen dos estudiantes nicaragüenses sobre uno de los políticos más influyentes de su país en los últimos quince años. Luego, escoge la respuesta que complete mejor cada oración. (5 puntos)

1. Daniel Ortega es un líder _____ .

    a. del FSLN   **b.** de UNO   **c.** del FMLN

2. Daniel Ortega participó activamente en la caída del dictador Anastasio Somoza en _____ .

    a. 1969   **b.** 1979   **c.** 1989

3. En 1984 Daniel Ortega fue elegido _____ .

    a. vicepresidente de Nicaragua
    b. primer ministro de Nicaragua
    c. presidente de Nicaragua

4. En las elecciones de febrero de 1990, Daniel Ortega perdió frente a _____ .

    a. Anastasio Somoza
    b. Luis Somoza Debayle
    c. Violeta Barrios de Chamorro

5. Uno de los estudiantes considera a Daniel Ortega _____ .

    a. un candidato ideal para las próximas elecciones
    b. un candidato ideal para ser consejero de la presidente Victoria Barrios de Chamorro
    c. un futuro líder de los "contras"

II. Historia y cultura

El siguiente ejercicio comprueba si has comprendido las lecturas **Del pasado al presente** y las **Ventanas al Mundo 21** que aparecen en las Lecciones 1, 2 y 3 de esta unidad. Escoge la respuesta que complete mejor cada oración. (10 puntos)

1. En extensión territorial el país más pequeño de Centroamérica es _____ .

    a. Costa Rica   **b.** Nicaragua   **c.** El Salvador

2. Las famosas ruinas mayas de Copán se encuentran en _____ .

    a. El Salvador   **b.** Honduras   **c.** Guatemala

3. La ciudad que es capital de su país y que está situada en el "Valle de las Hamacas" es _____ .

    a. Managua   **b.** Tegucigalpa   **c.** San Salvador

4. El país con los índices más bajos de analfabetismo y de mortalidad infantil de Latinoamérica es _____ .

    a. Honduras   **b.** Costa Rica   **c.** Nicaragua

5. Guatemala, Honduras, El Salvador, Nicaragua y Costa Rica formaron de 1823 a 1838 una federación que se llamó _____ .

    a. Estados Unidos Centroamericanos
    b. Capitanía General de Guatemala
    c. Provincias Unidas de Centroamérica

6. En El Salvador, lo que impulsó el desarrollo económico a finales del siglo XIX, fue la exportación de _____ .

    a. café   **b.** plátanos   **c.** cacao

7. La forma de gobierno dominada por una minoría rica y privilegiada se llama _____ .

    a. democracia   **b.** oligarquía   **c.** anarquía

8. El país que fue gobernado durante una década por los sandinistas es _____ .

    a. Honduras   **b.** Nicaragua   **c.** El Salvador

9. La economía de Honduras se basa principalmente en _____ .

    a. la agricultura   **b.** el comercio   **c.** la industria

10. El país más democrático de Centroamérica es _____ .

    a. Honduras   **b.** Nicaragua   **c.** Costa Rica

III. Estructura en contexto

A **Santa Ana.** Completa la siguiente información acerca de la segunda ciudad de El Salvador usando los pronombres relativos apropiados. (7 puntos)

Santa Ana, _____ (1) habitantes se llaman santanecos, es la

segunda ciudad de El Salvador, después de San Salvador, la capital. Es una

ciudad _____ (2) está en la parte occidental del país, a unos

cincuenta kilómetros de la capital. Está situada en una región muy fértil, en

_____ (3) el cultivo del café ocupa el lugar principal. Además

del café, la caña de azúcar es otro producto importante _____ (4)

se cultiva allí. Los turistas, a _____ (5) les agrada mucho la

ciudad, visitan a menudo las iglesias, _____ (6) muestran

varios estilos arquitectónicos. La iglesia del Calvario, _____ (7)

tiene un estilo colonial, es una de las más visitadas.

B **De compras.** Unos amigos hablan de las compras que esperan hacer cuando visiten el centro comercial. Para saber lo que dicen, escribe la forma apropiada del presente de indicativo o de subjuntivo del verbo entre paréntesis. (8 puntos)

1. Los pantalones que _____ (llevar-yo) están un poco

    gastados. Necesito unos pantalones que _____ (poder)

    usar con mi chaqueta azul marino.

2. Quiero comprar una blusa de manga corta que _____

    (hacer) juego con mi falda verde. Las blusas que _____

    (tener-yo) no van muy bien con esa falda.

3. Me encantan los aretes que _____ (ponerse) Mónica.

    Quiero encontrar unos que _____ (parecerse) a los de ella.

4. Deseo comprarme unos zapatos de básquetbol que _____

    (ser) tan livianos como los que _____ (usar) mis

    compañeros de equipo.

C **Los estudios.** Tú y tus amigos hablan de sus estudios. Completa las siguientes oraciones con el presente de indicativo o de subjuntivo del verbo indicado entre paréntesis, según convenga. (6 puntos)

1. Debo ir a la biblioteca ya que _____ (tener) que consultar un diccionario más completo que el mío.

2. Yo no voy a la biblioteca a menos que _____ (tener) que hacer un trabajo de investigación.

3. Yo necesito pasar muchas horas leyendo y aprendiendo cosas de memoria a fin de que _____ (mejorar) mis notas.

4. ¿Han inventado un método para sacar buenas notas sin que nosotros _____ (necesitar) estudiar tanto?

5. Creo que voy a estudiar toda la noche porque el examen que _____ (tener) mañana es dificilísimo.

6. Mis padres quieren que yo deje de trabajar para que _____ (dedicar) más tiempo a mis clases.

D **¡Qué día para Jaimito!** La mamá de Jaimito le explica lo que tiene que hacer hoy. Para saber lo que le dice, completa este párrafo con el presente de indicativo o de subjuntivo de los verbos entre paréntesis, según convenga. (16 puntos)

Jaimito, quiero que arregles tu cuarto. Tú sabes que me enfermo cuando

_____ (1. ver) tanto desorden en tu cuarto. Cuando

_____ (2. terminar) de arreglar el cuarto, haz la tarea. Tan

pronto como la _____ (3. hacer), tienes que ir a la tienda a

comprar algunas cosas. Aunque no te _____ (4. agradar)

ir de compras, tienes que ayudar en casa. En cuanto

_____ (5. volver) de la tienda, me ayudarás en el jardín.

Sabes que yo necesito ayuda cuando _____ (6. trabajar) en el

jardín. Después que _____ (7. cortar-tú) el césped puedes ir a

ver televisión. Pero, recuerda, mi amor, cuando _____

(8. querer) comer, debes pasar al comedor; no quiero ver platos en la

alfombra.

IV. Lectura

Un pasado y cinco países distintos

Además de tener muchas características físicas parecidas por estar localizados en la zona volcánica que se llama la cintura de América, Guatemala, Honduras, El Salvador, Nicaragua y Costa Rica son países que comparten una misma historia.

Por siglos los cinco países formaron parte de la Capitanía General de Guatemala que le daba a cada región cierto grado de autonomía. Durante un breve período, de 1822 a 1823, los cinco países formaron parte del imperio mexicano establecido por Agustín de Iturbide. Más importante fue la federación que unió en 1823 a los cinco países bajo el nombre de Provincias Unidas de Centroamérica. Pero los intereses particulares de los jefes políticos regionales pudieron más que las fuerzas de integración y en 1838 esta federación se desintegró.

Ha habido muchos intentos, hasta ahora sin mucho éxito, de establecer relaciones más estrechas entre los cinco países. Por ejemplo, en la década de 1950, se estableció el Mercado Común Centroamericano.

Los habitantes de cada uno de los cinco países considera a sus vecinos como parte de una gran familia centroamericana aunque cada quien guarda sus propias tradiciones. Entre los centroamericanos, hasta los apodos son familiares: a los guatemaltecos se les conoce como "chapines", a los hondureños como "catrachos", a los salvadoreños como "guanacos", a los nicaragüenses como "nicas" y a los costarricenses como "ticos".

La historia de cinco países. Indica si los siguientes comentarios son ciertos o falsos. (5 puntos)

C   F   **1.** Panamá es uno de los cinco países centroamericanos que comparten una misma historia.

C   F   **2.** Por siglos los cinco países formaron parte del Virreinato de Nueva Granada.

C   F   **3.** La federación llamada Provincias Unidas de Centroamérica duró de 1823 a 1838.

C   F   **4.** A los salvadoreños se les conoce como "chapines".

C   F   **5.** A los costarricenses se les conoce como "ticos".

V. Composición

A favor de las Provincias Unidas de Centroamérica. Imagínate que vives en Centroamérica en el siglo XIX y que apoyas a Francisco Morazán, el hombre que fue elegido presidente de las Provincias Unidas de Centroamérica en 1830 y 1834 y que quiere mantener viva esta federación. Escribe una breve composición para convencer a tus compatriotas de las ventajas de esta federación. Usa el ejemplo de EE.UU. ¿En qué sería diferente la historia de ese país si las trece colonias no se hubieran unido en una federación permanente? (Recuerda que es el año 1837.) (43 puntos)

_____

_____

_____

_____

_____

_____

_____

_____

_____

_____

_____

_____

_____

_____

_____

_____

_____

_____

_____

_____

I. Gente del Mundo 21

Un artista colombiano. Escucha lo que les explica un guía a unos visitantes en el Museo de Arte Moderno de Bogotá sobre la obra de Fernando Botero, el artista colombiano más famoso del mundo. Luego, escoge la respuesta que complete mejor cada oración. (6 puntos)

1. Fernando Botero es un pintor y escultor colombiano que nació en 1932 en _____ .

   a. Bogotá   **b.** Medellín   **c.** Cali

2. En 1951 realizó su primera exhibición en _____ .

   a. Bogotá   **b.** París   **c.** Madrid

3. A partir de 1950 Fernando Botero _____ .

   a. empezó a pintar cuadros abstractos
   b. excluyó las figuras humanas de sus cuadros y esculturas
   c. comenzó a exagerar el tamaño de las figuras humanas en sus cuadros y esculturas

4. En el cuadro "La familia presidencial" vemos representados a los personajes típicos de _____ .

   a. la familia del artista, Fernando Botero
   b. una familia pobre de indígenas chibchas
   c. una familia oligárquica latinoamericana

5. En su cuadro "La familia presidencial" podemos observar que las figuras humanas _____ .

   a. son alargadas y muy delgadas
   b. no se pueden distinguir claramente
   c. son sumamente gruesas

6. En 1992 sus enormes esculturas de bronce se exhibieron a lo largo de la avenida de los Campos Elíseos de _____ .

   a. Madrid   **b.** París   **c.** Nueva York

II. Historia y cultura

El siguiente ejercicio comprueba si has comprendido la lectura **Del pasado al presente** y las dos **Ventanas al Mundo 21** que aparecen en la Lección 1 de esta unidad. Escoge la respuesta que complete mejor cada oración. (10 puntos)

1. El único país sudamericano que tiene una costa en el mar Caribe como en el océano Pacífico es _____ .

    a. Venezuela   **b.** Colombia   **c.** Ecuador

2. Los indígenas que ocupaban las tierras altas de la región central de Colombia antes de la llegada de los españoles eran _____ .

    a. los taínos   **b.** los quechuas   **c.** los chibchas

3. La leyenda de El Dorado surgió de un antiguo rito chibcha que consistía en envolver a su jefe en polvo de oro _____ .

    a. antes de bañarlo en el lago Guatavita
    b. antes de llevarlo a un pico de los Andes
    c. después de sumergirlo en el mar Caribe

4. Actualmente el Museo del Oro de Bogotá tiene una colección de _____ piezas.

    a. 2.000   **b.** 20.000   **c.** 200.000

5. Durante la colonia Bogotá fue capital del Virreinato de _____ .

    a. Nueva Granada   **b.** Castilla del Oro   **c.** Nuevo León

6. La independencia de Colombia se celebra el 20 de julio porque en 1810 en esa fecha _____ .

    a. Simón Bolívar derrotó a los españoles en la batalla de Boyacá
    b. Simón Bolívar liberó Bogotá de los españoles
    c. el último virrey español fue destituido de su cargo

7. La República de la Gran Colombia proclamada en 1819 no incluía el territorio de _____ .

    a. Colombia   **b.** Bolivia   **c.** Venezuela

8. En 1914, Colombia reconoció la independencia de Panamá y recibió de EE.UU. una compensación de _____ .

    a. dos millones de dólares
    b. 10 millones de pesos colombianos
    c. 25 millones de dólares

9. El producto agrícola que trajo una relativa prosperidad económica a Colombia después de la Primera Guerra Mundial fue _____ .

    a. el cacao   **b.** el plátano   **c.** el café

10. Pablo Escobar, líder fugitivo del cartel de Medellín que murió en un encuentro violento con la policía colombiana en 1993, era _____ .

    a. narcotraficante
    b. guerrillero de izquierda
    c. periodista de la oposición

III. Estructura en contexto

A **Cambios futuros.** Di cómo imaginas que van a ser tus amigos dentro de diez años. Usa el futuro. (8 puntos)

1. [*nombre de amigo(a)*] / ser ejecutivo(a) de una gran empresa

   _____

2. [*nombre de amigo(a)*] / vivir en el extranjero

   _____

3. [*amigos*] / estar casados y tener dos hijos

   _____

4. [*amigo(a)*] / jugar fútbol en un club profesional

   _____

5. [*amigo(a)*] / ejercer la profesión de abogado

   _____

6. [*amigo(a)*] / querer presentarse como candidato(a) a diputado(a) o senador(a)

   _____

7. [*amigos*] / tener cuatro hijos y una casa en el campo

   _____

8. [*amigos*] / dirigir películas en Hollywood

   _____

B **Suposiciones.** El profesor tiene una bolsa en la cual hay un objeto. Los estudiantes tienen que adivinar lo que es. Los estudiantes expresan sus suposiciones usando el futuro de probabilidad. (5 puntos)

1. ser un objeto de otro país

   _____

2. poder comerse

   _____

3. valer mucho dinero

   _____

4. estar hecho de plástico

   _____

5. comprarse en las tiendas

   _____

IV. Lectura

La cuarta Cumbre Iberoamericana

En la histórica ciudad de Cartagena de Indias localizada en el noroeste de Colombia en la costa del mar Caribe, se celebró la cuarta Cumbre Iberoamericana los días 14 y 15 de junio de 1994. Esta ciudad fue fundada en 1533 por Pedro Heredia. En la segunda mitad del siglo XVII se convirtió en un importante puerto gracias al comercio entre Sudamérica y España. Para proteger la ciudad de ataques de piratas, en el siglo XVI se comenzaron a construir varias fortificaciones que no se concluyeron hasta el siglo XVIII. Los castillos que mejor se conservan son los de San Fernando, Pastelillo y San Felipe de Barajas.

Asistieron a la cuarta Cumbre Iberoamericana los representantes de 21 países, que incluyen los 18 países latinoamericanos independientes de habla española, más Brasil, España y Portugal. Por haber asumido hace menos de un año el mando de sus respectivos países, estuvieron por primera vez en una cumbre seis nuevos presidentes latinoamericanos: José María Figueres Olsen (Costa Rica), Eduardo Frei Ruiz-Tagle (Chile), Armando Calderón Sol (El Salvador), Roberto Reina (Honduras), Gonzalo Sánchez de Losada (Bolivia) y Rafael Caldera Rodríguez (Venezuela).

La cumbre de Cartagena de Indias continuó los lineamientos plantados en las tres cumbres anteriores: la primera en Guadalajara, México (1991), la segunda en Madrid, España (1992) y la tercera en Salvador de Bahía, Brasil (1993). El tema principal fue la integración económica de la región. Según el presidente de Colombia, César Gaviria, anfitrión de esta cumbre, "lo más importante es que ya se institucionalizó esta reunión anual, lo que facilitará la integración de una verdadera comunidad de países hispanos en el futuro".

La Cumbre Iberoamericana. Indica si los siguientes comentarios son ciertos o falsos. (6 puntos)

C F 1. La cuarta Cumbre Iberoamericana tuvo lugar en Cartagena de Indias, ciudad localizada en el altiplano de Colombia.

C F 2. Cartagena de Indias fue fundada en el siglo XIX.

C F 3. En la ciudad se conservan varias fortificaciones de la época colonial.

C F 4. Participaron en esta cuarta Cumbre Iberoamericana diez nuevos presidentes latinoamericanos.

C F 5. La primera Cumbre Iberoamericana tuvo lugar en Madrid, España en 1992.

C F 6. Según el presidente colombiano César Gaviria, esta reunión anual facilitará la integración económica de los países hispanos.

V. Composición

La interpretación de un cuento. Escribe una breve composición sobre el significado del cuento "Un día de estos" de Gabriel García Márquez. ¿Por qué no quería el dentista ver al alcalde? ¿Por qué crees que el dentista le dijo al alcalde que no podía usar anestesia? ¿Cómo interpretas el final del cuento? El dentista le pregunta al alcalde adónde mandar la cuenta, a él o al municipio, y éste responde: "Es la misma vaina". (15 puntos)

_____

_____

_____

_____

_____

_____

_____

_____

_____

_____

_____

_____

_____

_____

_____

_____

_____

_____

_____

_____

I.   Gente del Mundo 21

Un cantante y político. Escucha la conversación entre dos panameños, el señor Ordóñez y su hijo Patricio, sobre un cantante que fue candidato a la presidencia de su país. Luego, escoge la respuesta que complete mejor cada oración. (5 puntos)

1. Patricio Ordóñez apoyaba la candidatura de _____ .

    a. Guillermo Endara   **b.** Rubén Blades   **c.** Ernesto Pérez Balladares

2. Antes de marcharse a Nueva York en 1974, Rubén Blades se recibió de _____ en Panamá.

    a. abogado   **b.** arquitecto   **c.** médico

3. Rubén Blades también obtuvo una maestría en derecho internacional de la _____ .

    a. Universidad de Princeton
    b. Universidad de Panamá
    c. Universidad de Harvard

4. El partido que Rubén Blades fundó llamado *Papá Egoró* _____ .

    a. tiene más de 20.000 miembros
    b. significa "Nuestra Madre Tierra"
    c. no participó en las elecciones presidenciales de 1994

5. El señor Ordóñez cree que Rubén Blades debe _____ .

    a. presentarse a las próximas elecciones
    b. dedicarse a la música y al cine
    c. fundar un nuevo partido político

II. Historia y cultura

El siguiente ejercicio comprueba si has comprendido la lectura **Del pasado al presente** y las dos **Ventanas al Mundo 21** que aparecen en la Lección 2 de esta unidad. Escoge la respuesta que complete mejor cada oración. (10 puntos)

1. La parte más estrecha del istmo de Panamá es de sólo _____ .

   a. 50 kilómetros   **b.** 100 kilómetros   **c.** 150 kilómetros

2. El territorio que hoy es Panamá fue nombrado por los españoles _____ .

   a. Nueva Granada   **b.** Castilla del Oro   **c.** Balboa

3. La palabra "Panamá" significa en la lengua indígena del lugar _____ .

   a. "tierra de ríos"
   b. "entre dos mares"
   c. "donde abundan los peces"

4. El grupo indígena de los cunas se concentra en _____ .

   a. las islas San Blas en el mar Caribe
   b. alrededor de la Ciudad de Panamá
   c. en el interior montañoso de Panamá

5. En 1739, Panamá pasó a formar parte del Virreinato _____ .

   a. del Río de la Plata
   b. de Nueva España
   c. de Nueva Granada

6. En 1826, en la Ciudad de Panamá se realizó el primer Congreso Interamericano, convocado por _____ .

   a. Agustín de Iturbide
   b. Simón Bolívar
   c. el rey español Fernando VII

7. La compañía que comenzó la construcción del canal de Panamá en 1880 y que luego la abandonó en 1889 era _____ .

   a. estadounidense   **b.** inglesa   **c.** francesa

8. El 3 de noviembre de 1903, Panamá se independizó de _____ .

   a. Colombia   **b.** España   **c.** EE.UU.

9. Pocos días después de la proclamación de la independencia de Panamá, se firmó el tratado Hay-Bunau Varilla que cedió a Estados Unidos ____ .

   a. la compañía Lesseps

   b. la zona del canal

   c. el istmo de Panamá

10. En 1977 el presidente estadounidense Jimmy Carter y el líder panameño ____ firmaron un tratado que estipula la cesión del canal a Panamá en el año 2000.

   a. Manuel Antonio Noriega

   b. Guillermo Endara

   c. Omar Torrijos

III. Estructura en contexto

A **Promesas del candidato.** En su discurso, el candidato menciona todas las cosas que él cambiaría si la gente votara por él. Para saber lo que cambiaría, emplea el condicional de los verbos que aparecen entre paréntesis. (6 puntos)

1. La educación y la salud pública _____ (mejorar).

2. Nuestra moneda _____ (valer) más.

3. Nuestro país _____ (recobrar) su prestigio.

4. Todos _____ (ganar) más dinero.

5. Nadie _____ (tener) miedo de caminar por las calles de noche.

6. _____ (Haber) menos inflación.

B **Entusiasmados.** Tú y unos amigos están muy entusiasmados porque podrán contratar al cantante que quieren para el baile del próximo mes en su escuela. ¿Qué les dijo el cantante? Para saberlo, usa el condicional de los verbos que aparecen entre paréntesis. (6 puntos)

1. Nos dijo que no nos _____ (cobrar-él) mucho.

2. Nos aseguró que _____ (poder-nosotros) pagarle después del baile.

3. Nos garantizó que _____ (venir-él) sin falta.

4. Nos prometió que _____ (llegar-él) temprano.

5. Nos aseguró que _____ (interpretar-él) sus últimas canciones exitosas.

6. Nos repitió que _____ (quedar-nosotros) muy contentos con su actuación.

C **¿Dónde estaba Irma?** Les cuentas a tus amigos que la noche anterior le telefoneaste a Irma varias veces, pero nadie contestó. Todos dan una razón por la cual no contestó. Utiliza el condicional de probabilidad de los verbos que aparecen entre paréntesis. (5 puntos)

1. _____ (Andar) por la ciudad.

2. _____ (Estar) en casa de una amiga.

3. _____ No (querer) hablar con nadie.

4. _____ (Ser) temprano e Irma no había vuelto.

5. _____ (Tener) que trabajar hasta muy tarde.

IV. Lectura

La caída de Noriega. Indica si los siguientes comentarios son ciertos o falsos. (5 puntos)

C   F   **1.** La ambición de poder de Manuel Antonio Noriega lo llevó a la jefatura de las Fuerzas de Defensa de Panamá en 1983.

C   F   **2.** En 1987, Noriega fue acusado de haber ordenado la muerte del líder de la oposición y del general Omar Torrijos.

C   F   **3.** En 1989, Noriega reconoció el triunfo del candidato de la oposición, Guillermo Endara.

C   F   **4.** El 3 de enero de 1990, Noriega logró evadir a las autoridades estadounidenses y huyó de Panamá.

C   F   **5.** Actualmente Noriega se encuentra en una prisión federal de EE.UU. cumpliendo una sentencia de cuarenta años.

V. Composición

Pronunciar un discurso. Imagínate que eres Rubén Blades y que acabas de saber que fuiste vencido en las elecciones presidenciales de 1994 en Panamá. Muchas personas esperan que bajes a un gran salón del hotel donde te hospedas para pronunciar un breve discurso en el que reconocerás la victoria del otro candidato. El discurso será televisado por todo el país. ¿Qué les quieres decir a los miles de televidentes panameños que apoyaron tu candidatura? ¿Tienes algún mensaje para Ernesto Pérez Balladares que resultó vencedor? (13 puntos)

_____

_____

_____

_____

_____

_____

_____

_____

_____

_____

_____

_____

_____

_____

_____

_____

_____

_____

_____

_____

_____

I. Gente del Mundo 21

Una escritora venezolana. Escucha lo que dicen dos amigas que viven en Caracas sobre la obra de la escritora venezolana Teresa de la Parra. Luego, escoge la respuesta que complete mejor cada oración. (6 puntos)

1. A las dos amigas caraqueñas les gustó la _____ *Ifigenia*.

    a. telenovela   **b.** obra de teatro   **c.** ópera

2. *Ifigenia* está basada en _____ .

    a. un poema   **b.** un cuento   **c.** una novela

3. La autora Teresa de la Parra nació en 1890 en _____ .

    a. Caracas   **b.** París   **c.** Valencia

4. Teresa de la Parra publicó _____ .

    a. una docena de libros de poemas y novelas
    b. cuatro colecciones de cuentos
    c. dos novelas

5. La autora es actualmente reconocida como una de las primeras novelistas hispanoamericanas _____ .

    a. cuyas obras reflejan la perspectiva de la mujer
    b. que publican sus obras en Europa
    c. cuyas novelas son traducidas a más de veinte lenguas

6. Una de las amigas caraqueñas se queja que ahora no ve telenovelas porque _____ .

    a. se le ha descompuesto el televisor
    b. trabaja de programadora
    c. se pasa el tiempo escribiendo novelas

II. Historia y cultura

El siguiente ejercicio comprueba si has comprendido la lectura **Del pasado al presente** y las dos **Ventanas al Mundo 21** que aparecen en la Lección 3 de esta unidad. Escoge la respuesta que complete mejor cada oración. (10 puntos)

1. El nombre de "Venezuela" tiene su origen en el nombre de ＿＿＿ .

    a. un grupo indígena
    b. un héroe nacional
    c. la ciudad italiana "Venecia"

2. El territorio que hoy es Venezuela fue concedido en 1529 a los banqueros alemanes de la casa de Welser por ＿＿＿ .

    a. Cristóbal Colón   **b.** Carlos V   **c.** Felipe II

3. La Compañía Guipuzcoana de Caracas tenía el monopolio de la explotación del ＿＿＿ .

    a. petróleo   **b.** café   **c.** cacao

4. Venezuela fue el primer país hispanoamericano ＿＿＿ .

    a. en que tuvo lugar una rebelión para lograr la independencia de España en 1806
    b. que estableció relaciones diplomáticas con EE.UU.
    c. que aceptó el gobierno impuesto por Napoleón en España en 1808

5. El líder que derrotó finalmente a los españoles y aseguró la independencia de Venezuela fue ＿＿＿ .

    a. Francisco Miranda
    b. Simón Bolívar
    c. Juan Vicente Gómez

6. El verdadero desarrollo económico y social de Venezuela se inició con la explotación del petróleo después de 1918 en la región ＿＿＿ .

    a. de los Andes
    b. de los llanos
    c. del lago de Maracaibo

7. El famoso novelista venezolano que fue presidente de Venezuela por sólo nueve meses se llama ＿＿＿ .

    a. Rómulo Gallegos
    b. Rómulo Betancourt
    c. Rafael Caldera Rodríguez

8. En 1973, como resultado de la guerra árabe-israelí y la política de la Organización de Países Exportadores de Petróleo (OPEP), el petróleo _____ .

    a. bajó de precio
    b. cuadruplicó su precio
    c. mantuvo el mismo precio

9. El metro de Caracas o "Cametro" fue inaugurado _____ .

    a. a principios del siglo XX
    b. después de la Segunda Guerra Mundial
    c. en 1983

10. ¿Cuál de estos tres países sudamericanos tiene el ingreso per cápita más alto?

    a. Venezuela.   **b.** Colombia.   **c.** Panamá.

III. Estructura en contexto

A **Sugerencias.** Habla de las recomendaciones que te hicieron unos amigos venezolanos cuando supieron que ibas a su país. Usa el imperfecto de subjuntivo de los verbos que aparecen entre paréntesis. (5 puntos)

1. Me sugirieron que no _____ (permanecer) en Caracas todo el tiempo.

2. Me recomendaron que _____ (hacer) una visita a los llanos.

3. Me aconsejaron que _____ (ir) a la isla Margarita.

4. Me propusieron que _____ (probar) las arepas.

5. Me dijeron que _____ (incluir) Ciudad Bolívar en mi itinerario.

B **Deseos no cumplidos.** Esta tarde tú y unos amigos están ocupados con deberes escolares, pero cada uno dice lo que le gustaría hacer. Usa el imperfecto de subjuntivo y el condicional de los verbos que aparecen entre paréntesis. (5 puntos)

1. Si Roberto no _____ (estar) ocupado, _____ (ir) al gimnasio.

2. Si yo _____ (poder) usar mi bicicleta, _____ (salir) al campo.

3. Si Celeste _____ (tener) menos tarea, _____ (asistir) a un concierto de música folklórica.

4. Si Pablo _____ (llegar) temprano de la biblioteca, _____ (ver) el partido de fútbol.

5. Si Lidia _____ (terminar) el informe, _____ (tomar) sol en la playa.

IV. Lectura

El petróleo: el oro negro de Venezuela

El impacto del petróleo en la sociedad venezolana ha sido enorme. En 1917, durante el gobierno del dictador Juan Vicente Gómez, varias compañías extranjeras iniciaron la explotación de los yacimientos petroleros del lago de Maracaibo. Pronto la industria del petróleo superó en importancia a la agricultura. Para 1928 Venezuela se había convertido en el principal productor de petróleo después de EE.UU. En pocas décadas la sociedad rural y agrícola venezolana pasó a ser una sociedad urbana e industrial.

En 1976, el presidente Carlos Andrés Pérez nacionalizó la industria petrolera. En 1989 la explotación del petróleo constituía el 13% del producto doméstico bruto, el 51% de los ingresos del estado y el 81% de las exportaciones. Antes de la abrupta caída de los precios internacionales del petróleo en la década de 1980, las cifras eran todavía mayores. La compañía nacional, Petróleos de Venezuela, es el tercer conglomerado petrolero más grande del mundo.

En 1989, las reservas comprobadas de petróleo del país eran 58,6 mil millones de barriles; se calcula que durarán por lo menos los próximos 93 años si se mantiene el mismo promedio de extracción. El petróleo es para Venezuela una gran ventaja, pero también es un mal por la corrupción que conlleva y la tentación a desperdiciar esa riqueza no renovable. Por ejemplo, el ex-presidente Carlos Andrés Pérez fue encarcelado en 1994 bajo acusaciones de corrupción.

El petróleo venezolano. Indica si los siguientes comentarios son ciertos o falsos. (6 puntos)

C   F   **1.** En 1917, varias compañías extranjeras iniciaron la explotación de los yacimientos petroleros del lago de Maracaibo de Venezuela.

C   F   **2.** Para 1928, Venezuela se había convertido en el principal productor de petróleo del mundo, superando a EE.UU.

C   F   **3.** En poco tiempo Venezuela se convirtió en una sociedad urbana e industrial.

C   F   **4.** En 1976, el presidente Carlos Andrés Pérez vendió la compañía nacional, Petróleos de Venezuela, a intereses extranjeros.

C   F   **5.** Se cree que las reservas de petróleo en Venezuela durarán aproximadamente 90 años si sigue consumiéndose al mismo ritmo.

C   F   **6.** El petróleo puede ser dañino para Venezuela porque trae mucha corrupción y también porque hay mucho desperdicio de los recursos naturales.

V. Composición

Para asegurar el futuro. Por décadas los gobiernos del mundo han
sabido que el petróleo es un recurso no renovable y que tarde o temprano
se acabará. Escribe una composición sobre este problema. ¿Qué se puede
hacer para evitar una crisis energética? ¿Cómo se puede conservar el
petróleo y otros recursos naturales para las futuras generaciones? ¿Crees
que es importante conservar los recursos naturales? Explica. (18 puntos)

_____

_____

_____

_____

_____

_____

_____

_____

_____

_____

_____

_____

_____

_____

_____

_____

_____

_____

_____

_____

_____

I. Gente del Mundo 21

Una artista colombiana. Escucha lo que dicen dos amigos colombianos después de asistir a una exhibición de las últimas obras de Beatriz González en una galería de Bogotá. Luego, escoge la respuesta que complete mejor cada oración. (10 puntos)

1. Beatriz González pinta copias de cuadros célebres en _____ .

   a. enormes muros   **b.** muebles   **c.** edificios

2. La artista nació en Bucaramanga en _____ .

   a. 1938   **b.** 1948   **c.** 1958

3. Julio piensa que las obras de Beatriz González _____ .

   a. no tienen ningún sentido del humor
   b. tienen un humor negro pues no son sólo obras de arte sino también muebles prácticos
   c. son demasiado abstractas para ser interpretadas

4. Según Augusto, la reacción de los padres de ambos amigos ante la mesa con una escena patriótica en su superficie _____ .

   a. sería muy positiva
   b. sería de indiferencia
   c. provocaría una discusión política

5. Beatriz González vive actualmente en _____ .

   a. Bogotá   **b.** Nueva York   **c.** París

II. Historia y cultura

El siguiente ejercicio comprueba si has comprendido la lectura **Del pasado al presente** y las **Ventanas al Mundo 21** que aparecen en las Lecciones 1, 2 y 3 de la Unidad 6. Escoge la respuesta que complete mejor cada oración. (10 puntos)

1. De estos tres países el que tiene la extensión territorial más pequeña es ____ .

   a. Panamá   **b.** Colombia   **c.** Venezuela

2. La cultura conocida como la de San Agustín se desarrolló en el territorio que hoy es ____ .

   a. Venezuela   **b.** Ecuador   **c.** Colombia

3. Colombia es el país que produce más ____ .

   a. esmeraldas   **b.** diamantes   **c.** perlas

4. El canal de Panamá se construyó entre 1904 y ____ .

   a. 1914   **b.** 1924   **c.** 1934

5. Una encuesta hecha a mediados de 1970 a la población cuna de Panamá indicaba ____ .

   a. que la mayoría de las mujeres trabajaban en la ciudad de Colón
   b. que casi todas las familias cunas habían abandonado sus antiguas costumbres
   c. que sólo el 4% de las mujeres cunas de la comarca vivían fuera de ella

6. La República de la Gran Colombia proclamada en 1819 no incluyó el territorio que hoy es ____ .

   a. Ecuador   **b.** Panamá   **c.** Bolivia

7. Simón Bolívar murió en 1830 en una hacienda cerca de Santa Marta ____ .

   a. sin realizar su sueño de la unificación de las antiguas colonias españolas en América
   b. cuando todavía era presidente del Perú, Bolivia y de la Gran Colombia
   c. antes de derrotar a los españoles en Sudamérica

8. De 1908 a 1935, Venezuela fue gobernada por Juan Vicente Gómez, _____ .

    a. quien fue un presidente liberal

    b. quien fue uno de los dictadores más sanguinarios de Latinoamérica

    c. quien no permitió la explotación de petróleo en el país

9. El Museo del Oro del Banco de la República de Bogotá se fundó en 1939 con el propósito de coleccionar y preservar las obras de oro que son en su mayoría _____ .

    a. prehispánicas   **b.** coloniales   **c.** modernas

10. Según los dos tratados firmados en 1977 por Omar Torrijos y el presidente Jimmy Carter, EE.UU. cederá el canal a Panamá _____ .

    a. para el año 2000

    b. en el año 2050

    c. tan pronto como Panamá tenga la capacidad técnica para mantener el canal

III. Estructura en contexto

A **Una telenovela.** Cuando ves a tu amiga Clara mirando una telenovela, le dices, en broma, que tú ya sabes lo que va a pasar. Usa el futuro de los verbos que aparecen entre paréntesis para decir lo que les pasará a los personajes principales. (5 puntos)

1. La heroína _____ (sufrir) mucho.

2. El héroe _____ (tener) dificultades para ver a la heroína.

3. Las familias _____ (hacer) difícil el encuentro de los

   protagonistas.

4. El héroe y la heroína _____ (casarse) al final.

5. Todos los familiares _____ (venir) a la boda.

B **Un paquete misterioso.** Cuando los Henríquez llegan a casa descubren un paquete que dice simplemente "Familia Henríquez". Todos se hacen preguntas sobre el paquete. Usa el futuro de probabilidad al formular tus preguntas. (5 puntos)

1. ¿_____ (Ser) para mí?

2. ¿_____ (Contener) los discos que pedí por correo?

3. ¿_____ (Haber) un hermoso regalo dentro?

4. ¿_____ (Pertenecer) a los vecinos?

5. ¿_____ (Decir) dentro del paquete para quién es?

C **Para desarrollar los poderes mentales.** Una amiga te cuenta que acaba de leer un artículo fascinante en el que se menciona lo que ocurriría si la gente desarrollara más sus poderes mentales. Para saber lo que dice, emplea el condicional de los verbos que aparecen entre paréntesis. (5 puntos)

1. Los medios de comunicación actuales no _____

   (desaparecer) totalmente.

2. La comunicación escrita _____ (tener) menos importancia.

3. _____ (comunicarnos) por telepatía.

4. El poder de la memoria _____ (aumentar) inmensamente.

5. Todos nosotros _____ (poder) recitar la lista de nuestros

   presidentes sin problema.

D **¿Ideas?** Completa tu conversación telefónica con un agente de viajes, a quien le pides sugerencias para tus próximas vacaciones. Emplea el condicional de los verbos que aparecen entre paréntesis. (5 puntos)

¿Aló? ¿Señora Cristina? Necesito sus consejos. Me _____

(1. gustar) pasar dos semanas de vacaciones en un lugar tranquilo.

_____ (2. Preferir) un pueblito en las montañas.

_____ (3. Querer) viajar el próximo martes. Sé que

_____ (4. deber) darle más tiempo para buscar la

información, pero, en fin, ¿_____ (5. poder) usted hacerme

unas recomendaciones ahora mismo?

E **Fantasías de verano.** Este verano no tendrás vacaciones porque tienes que estudiar y trabajar, pero sueñas con lo que te gustaría hacer. Usa el imperfecto de subjuntivo y el condicional de los verbos que aparecen entre paréntesis. (10 puntos)

1. Si _____ (estar) en el campo, _____ (montar)
a caballo frecuentemente.

2. Si _____ (ser) posible, _____ (pasar) un par
de meses en una isla tropical.

3. Si _____ (ir) a un lago, _____ (pescar) todos
los días.

4. Si _____ (poder), _____ (hacer) un crucero
por el Caribe.

5. Si _____ (tener) más imaginación, _____
(inventar) un plan para hacerme rico rápidamente.

IV. Lectura

Tres criollos venezolanos
y su importancia en la independencia de Sudamérica

Caracas fue una de las ciudades hispanoamericanas donde las ideas ilustradas del siglo XVIII tuvieron mucho efecto. Las familias caraqueñas acomodadas eran principalmente comerciantes que anhelaban comerciar con otras naciones además de España y resentían las restricciones burocráticas de sus gobernantes lejanos. Los criollos, es decir, los de origen español nacidos en América, comenzaron a ver a los peninsulares, es decir, los españoles venidos de España, como un obstáculo a sus intereses.

Uno de los precursores de la independencia de Hispanoamérica fue Francisco Miranda (1750-1816), quien nació en Caracas y participó en la guerra de la Independencia norteamericana contra los británicos, llegando a ser teniente coronel en el ejército de George Washington. También participó en la Revolución francesa, y de regreso a EE.UU., consiguió la ayuda del presidente Thomas Jefferson para su proyecto de una Hispanoamérica independiente. En 1806 desembarcó con un pequeño ejército en la costa venezolana, pero no logró su objetivo.

Simón Bolívar (1783-1830) fue otro criollo caraqueño cuyo ideario político y genio militar fueron decisivos para asegurar el triunfo de la revolución en Sudamérica. El 5 de julio de 1811, el primer Congreso Nacional de Venezuela, reunido en Caracas bajo la dirección de Bolívar, proclamó la independencia de Venezuela, aunque ésta no se logró hasta muchos años después.

El lugarteniente de Simón Bolívar y su brazo derecho en muchas de sus campañas contra los españoles fue Antonio José de Sucre (1795-1830), otro ilustre criollo venezolano que fue el libertador del Ecuador en 1822 y que posteriormente, en 1825, proclamó la independencia de Bolivia.

Las ideas de la Ilustración respecto a los derechos naturales del hombre y la crítica de las instituciones tradicionales guiaron a estos criollos a luchar contra la tiranía del imperio español en regiones sudamericanas aun muy distantes de su tierra natal, Venezuela.

Tres criollos y la independencia. Indica si los siguientes comentarios son ciertos o falsos. (12 puntos)

C   F   1. Los criollos eran los españoles que habían nacido en la Península Ibérica.

C   F   2. Las ideas de la Ilustración del siglo XVIII tuvieron muy poca difusión e impacto en la ciudad de Caracas.

C   F   3. Francisco Miranda llegó a ser teniente coronel en el ejército de George Washington.

C   **F**   **4.** Simón Bolívar era un criollo caraqueño.

C   **F**   **5.** Antonio José de Sucre fue un enemigo político y militar de Simón Bolívar.

C   **F**   **6.** Los tres criollos venezolanos del artículo desempeñaron un papel muy importante en la lucha por la independencia de muchos países de Sudamérica.

V. Composición

Una carta. Imagínate que eres Francisco Miranda (1750–1816) y que acabas de desembarcar con un pequeño ejército en la costa de Venezuela para iniciar la primera rebelión contra los españoles en 1806. Escríbeles una carta a tus amigos criollos en Caracas donde les explicas las razones por las cuales deben apoyarte en tu lucha contra las autoridades españolas. (38 puntos)

I. Gente del Mundo 21

Un escritor peruano. Escucha lo que dicen una profesora de literatura latinoamericana y sus estudiantes sobre la vida y obra de Mario Vargas Llosa, uno de los escritores peruanos más célebres del mundo. Luego, escoge la respuesta que complete mejor cada oración. (5 puntos)

1. Mario Vargas Llosa nació en 1936 en _____ .

   a. Lima   **b.** Arequipa   **c.** Cuzco

2. Se doctoró en la Universidad de _____ .

   a. San Marcos   **b.** Oxford   **c.** Madrid

3. Su primera novela, *La ciudad y los perros* publicada en 1963, se basa en sus experiencias personales en _____ .

   a. un seminario
   b. la universidad
   c. una escuela militar

4. Desde que se publicó *La ciudad y los perros,* el autor _____ .

   a. no ha escrito más novelas
   b. ha publicado muchas novelas aunque pocos críticos conocen su obra
   c. ha publicado muchas novelas y es considerado uno de los novelistas más representativos del florecimiento de la novela latinoamericana

5. El candidato que ganó las elecciones presidenciales de 1990 en el Perú fue _____ .

   a. Alberto Fujimori
   b. Mario Vargas Llosa
   c. Fernando Belaúnde Terry

II. Historia y cultura

El siguiente ejercicio comprueba si has comprendido la lectura **Del pasado al presente** y las **Ventanas al Mundo 21** que aparecen en la Lección 1 de esta unidad. Escoge la respuesta que complete mejor cada oración. (10 puntos)

1. ¿Qué país no comparte una frontera con el Perú?

   a. Ecuador.   **b.** Bolivia.   **c.** Argentina.

2. La ciudad de Chan Chan era la capital del reino _____ .

   a. chimú   **b.** mochica   **c.** shiri

3. La capital del imperio inca era _____ .

   a. Sipán   **b.** Machu Picchu   **c.** Cuzco

4. El conquistador español del imperio inca fue _____ .

   a. Lope de Aguirre
   b. Francisco Pizarro
   c. Pedro de Valdivia

5. Lima, la capital del Perú, se conoce como "la Ciudad de los Reyes" _____ .

   a. porque ahí vivieron muchos reyes incas
   b. en honor de los Reyes Católicos de España
   c. porque fue fundada el 6 de enero, día de los Reyes Magos

6. El primer virreinato que se estableció en Sudamérica en 1543 se llamaba _____ .

   a. el Virreinato de Nueva Granada
   b. el Virreinato del Perú
   c. el Virreinato del Río de la Plata

7. Tras la invasión francesa de España en 1808, el Perú _____ .

   a. se rebeló inmediatamente contra España tal como las ciudades de Caracas y Buenos Aires
   b. fue la primera colonia que se independizó de las autoridades españolas
   c. se mantuvo fiel a la corona española

8. A finales del siglo XIX, el Perú gozó de una expansión económica debido a la explotación _____ .

   a. de la papa   **b.** del café   **c.** del guano

Unidad 7

Lección 1

9. En 1879 comenzó la guerra del Pacífico y el país que la ganó fue _____ .

    a. el Perú   **b.** Chile   **c.** Bolivia

10. Las fabulosas tumbas descubiertas en 1987 en Sipán pertenecen a la civilización _____ .

    a. mochica   **b.** inca   **c.** aymara

III. Estructura en contexto

A **Órdenes.** ¿Qué les pidieron tus padres a tus hermanos menores? Para contestar, completa las siguientes oraciones con el imperfecto de subjuntivo de los verbos que aparecen entre paréntesis. (5 puntos)

1. Les pidieron que _____ (volver) de la escuela sin tardar.

2. Les pidieron que _____ (hacer) su tarea en seguida.

3. Les pidieron que no _____ (conversar) tanto por teléfono con sus amigos.

4. Les pidieron que les _____ (decir) adónde iban, si salían.

5. Les pidieron que no _____ (regresar) muy tarde a casa.

B **Las ideas de Bolívar.** Los estudiantes hablan de las ideas de Simón Bolívar sobre la independencia de Sudamérica. Para saber lo que dicen, usa el imperfecto de indicativo o de subjuntivo de los verbos que aparecen entre paréntesis, según convenga. (5 puntos)

1. Bolívar creía que _____ (ser) posible lograr la unidad sudamericana.

2. Bolívar pensaba que algunos líderes sudamericanos _____ (perseguir) ambiciones personales.

3. Bolívar quería que los españoles les _____ (dar) la libertad a las colonias.

4. Bolívar dudaba que los españoles _____ (poder) vencer a los ejércitos americanos.

5. Bolívar estaba seguro que los pueblos sudamericanos _____ (desear) la unificación.

C **Una noticia en la televisión.** Completa la siguiente noticia que escuchaste en la televisión. Usa el imperfecto de indicativo o de subjuntivo de los verbos que aparecen entre paréntesis, según convenga. (6 puntos)

El líder de la oposición dijo que estábamos rodeados de políticos que

_____ (1. desconocer) los problemas del país, políticos que

solamente _____ (2. preocuparse) de sus intereses personales

y que no_____ (3. atender) a las necesidades del pueblo. Dijo

que el país necesitaba dirigentes que _____ (4. comprender)

los problemas de la nación y que _____ (5. proponer)

soluciones eficaces. Pidió que los votantes _____ (6. apoyar) a

los candidatos de la oposición.

IV. Lectura

La Universidad de San Marcos

La Universidad Nacional Mayor de San Marcos localizada en Lima es una de las más antiguas de América y la única que funciona sin interrupción desde el siglo XVI. Fue creada por cédula real el 12 de mayo de 1551 por el emperador Carlos V, inauguró su vida académica en 1553, y fue ratificada por el Papa Pío V en 1571.

Es anterior a la Universidad de San Pablo de la Ciudad de México que fue creada el 21 de septiembre de 1551 también por Carlos V. La Universidad de San Pablo fue suprimida en 1865 y volvió a abrirse como la Universidad Nacional en 1910 y después pasó a ser la Universidad Nacional Autónoma de México (UNAM).

La Universidad de Santo Tomás en la capital de la República Dominicana, cuya bula papal fue firmada por el papa Paulo III en 1538, se disputa la primicia universitaria aunque muchos estudiosos dudan que haya funcionado hasta 1558.

Desde su fundación la Universidad de San Marcos ha funcionado en cinco locales; actualmente sus facultades se encuentran en varios edificios en la moderna Ciudad Universitaria. En la época virreinal la universidad estaba dividida en cinco facultades dedicadas a artes (filosofía), teología, derecho civil, derecho eclesiástico y medicina. En el presente siglo fueron creadas las Facultades de Educación, Farmacia y Bioquímica, Odontología y Química. Siguen la estructura general de las universidades del mundo hispano que otorgan licenciaturas, maestrías y doctorados.

La Universidad de San Marcos. Indica si los siguientes comentarios son ciertos o falsos. (5 puntos)

C   F   **1.** La Universidad de San Marcos se encuentra en Lima, Perú.

C   F   **2.** La Universidad de San Marcos fue fundada poco después de la fundación de la Universidad de San Pablo en la Ciudad de México.

C   F   **3.** El emperador Carlos V fundó ambas universidades.

C   F   **4.** La Universidad de San Marcos cerró sus puertas entre 1865 y 1910.

C   F   **5.** La Universidad de San Marcos incluye una Facultad de Farmacia y Bioquímica.

V. Composición

La moraleja. Escribe una breve composición sobre la moraleja del cuento "El hombre y la víbora" de la tradición quechua. ¿Por qué sentenciaron el buey y el caballo que la víbora picara al hombre? ¿Cómo se salva el hombre al final? ¿Cuál es la lección más importante que sacas de este cuento? (14 puntos)

_____

_____

_____

_____

_____

_____

_____

_____

_____

_____

_____

_____

_____

_____

_____

_____

_____

_____

_____

_____

_____

_____

I.   Gente del Mundo 21

Un escritor ecuatoriano. Escucha lo que dicen dos estudiantes sobre Jorge Icaza, uno de los escritores más conocidos de Ecuador. Luego, escoge la respuesta que complete mejor cada oración. (5 puntos)

1. La novela de Jorge Icaza que acaba de leer una de las estudiantes se titula ____ .

    a. *El mundo es ancho y ajeno*
    b. *Huasipungo*
    c. *Raza de bronce*

2. Esta novela de Icaza trata de la vida de ____ .

    a. los militares ecuatorianos
    b. los indígenas ecuatorianos
    c. los dirigentes políticos ecuatorianos

3. Jorge Icaza nació en ____ en 1906.

    a. Guayaquil   **b.** Cuenca   **c.** Quito

4. En su juventud, Icaza ____ .

    a. trabajó como actor
    b. fue pintor
    c. dirigió las primeras películas filmadas en Ecuador

5. A partir de 1973, Icaza fue ____ .

    a. funcionario de una compañía petrolera ecuatoriana
    b. embajador de Ecuador en el Perú y en la Unión Soviética
    c. profesor de literatura en la Universidad de Quito

II. Historia y cultura

El siguiente ejercicio comprueba si has comprendido la lectura **Del pasado al presente** y las **Ventanas al Mundo 21** que aparecen en la Lección 2 de esta unidad. Escoge la respuesta que complete mejor cada oración. (10 puntos)

1. Ecuador deriva su nombre de _____ .

   a. un héroe de la independencia
   b. una tribu agresiva de la zona amazónica
   c. la línea imaginaria que divide la Tierra en los hemisferios norte y sur

2. La moneda del Ecuador, el sucre, debe su nombre a _____ .

   a. un héroe de la independencia
   b. una antigua civilización prehispánica
   c. una medida de peso usada en la época colonial

3. A la llegada de los españoles, el jefe indígena que había logrado dominar todo el imperio inca era _____ .

   a. Huáscar   b. Atahualpa   c. Túpac Amaru

4. El primer europeo que exploró el río Amazonas desde su origen en la región andina hasta su desembocadura en el Atlántico fue _____ .

   a. Francisco Pizarro
   b. Sebastián de Benalcázar
   c. Francisco de Orellana

5. El nombre de la ciudad de Quito se deriva _____ .

   a. del nombre del conquistador que fundó la ciudad
   b. de los indígenas que habitaban la región
   c. del nombre de una montaña que está cerca

6. El general que derrotó a los españoles en la batalla de Pichincha el 24 de mayo de 1822 terminando así con el poder de los españoles en el territorio ecuatoriano fue _____ .

   a. José de San Martín
   b. Bernardo O'Higgins
   c. Antonio José de Sucre

7. En el siglo XIX, la ciudad que se convirtió en un puerto cosmopolita que favorecía las ideas liberales fue _____ .

   a. Guayaquil   b. Quito   c. Cuenca

8. En 1941, _____ se apoderó de la mayor parte de la región amazónica de Ecuador.

    a. Colombia   **b.** Chile   **c.** el Perú

9. Las islas Galápagos son parte del territorio _____ .

    a. del Perú   **b.** del Ecuador   **c.** de Inglaterra

10. Actualmente, la actividad más importante para la economía del Ecuador es la exportación de _____ .

    a. plátanos   **b.** café   **c.** petróleo

III. Estructura en contexto

A **Una enfermedad.** Una amiga te cuenta lo que le dijo el médico sobre su enfermedad. Para saber lo que dice, completa las oraciones con el imperfecto de subjuntivo de los verbos que aparecen entre paréntesis. (5 puntos)

1. Me dijo que hice bien en ir a verlo antes de que la infección

   _____ (hacerse) más grave.

2. Me dijo que yo debía llamarlo en caso de que me _____

   (subir) la fiebre.

3. Me dijo que no volviera hasta dentro de tres días, a menos que

   _____ (surgir) complicaciones.

4. Me dijo que tenía que tomar antibióticos a fin de que la infección

   _____ (desaparecer).

5. Me dijo que no podía salir a la calle, aunque _____ (salir)

   por poco tiempo y con mucha ropa.

B **Un viaje de verano.** Cuéntanos lo que le has dicho a un amigo boliviano sobre un viaje que vas a hacer por su país. Usa el imperfecto de indicativo o de subjuntivo de los verbos que aparecen entre paréntesis, según convenga. (6 puntos)

1. Le expliqué a mi amigo que iría a verlo cuando _____

   (estar) de vacaciones.

2. Le dije que iba a comprar los billetes de avión en seguida, antes de que

   _____ (subir) los precios.

3. Le dije que saldría la última semana de julio, aunque quizá no

   _____ (hacer) buen tiempo.

4. Le aseguré que en cuanto _____ (saber) la fecha se la

   diría.

5. Le repetí que estaría allí sólo dos semanas porque _____

   (tener) muchos compromisos con mi familia para el verano.

6. Le propuse que fuéramos a la sierra porque _____ (ser) la

   región que yo más quería recorrer.

IV. Lectura

Gerardo: un ecuatoriano en EE.UU.

Desde el lanzamiento de su primer álbum en enero de 1991, Gerardo ha tenido un éxito fenomenal en EE.UU. y el resto de América, con su onda de rapero latino. Su primer sencillo, "Rico suave", cantado mitad en inglés y mitad en español, se convirtió rápidamente en un éxito comercial, gracias en parte al video que lo acompaña, y en el cual se combina el *swing* latino con la sabiduría callejera y la sensualidad del trópico. En el video Gerardo aparece sin camisa. El actuar sin camisa se ha convertido en una característica de sus presentaciones públicas. Lo que siguió después han sido giras de conciertos y presentaciones en los programas de televisión más populares de EE.UU. También ha desempeñado el papel de un seductor en *For the Very First Time*, una película rodada para la televisión, y en otras más para el cine.

Gerardo Mejía nació en Guayaquil, Ecuador, en 1966. A los doce años se mudó a EE.UU. con su familia, porque su padre, que es contador y, por cierto se llama Gerardo igual que el cantante, quería probar fortuna en este país. "Después de haber asistido a una escuela católica muy estricta", dice el rapero, "de repente me vi en una escuela en EE.UU. donde sólo se hablaba inglés y habían chicos y chicas juntos en una misma aula". Allí Gerardo tenía muchos amigos, aprendió a bailar con el ritmo de los afroamericanos y a cantar *rap*.

Gerardo vive con sus padres, su abuela y su hermanita de seis años, y se enorgullece de ello. Gerardo no fuma ni bebe y se prepara para continuar su carrera de cantante.

Adaptado de "Gerardo: rap sin fronteras", *Tú internacional.*

Gerardo. Indica si los siguientes comentarios son ciertos o falsos. (6 puntos)

C   **F**   **1.** El primer álbum de Gerardo no tuvo éxito.

C   **F**   **2.** Su disco sencillo titulado "Rico suave" lo canta en inglés y español.

C   **F**   **3.** El éxito de este disco se debe en parte al video que lo acompaña.

C   **F**   **4.** En este video Gerardo aparece con una camisa estilo pirata que se ha convertido en una de sus características en presentaciones públicas.

C   **F**   **5.** El cantante se llama Gerardo Mejía y nació en Guayaquil, Ecuador, en 1966.

C   **F**   **6.** Gerardo aprendió a cantar *rap* en el colegio en Ecuador.

V.   Composición

Una carta. Imagínate que eres Gerardo y que acabas de mudarte con tu familia de Guayaquil, Ecuador, a Los Ángeles, California. Escríbeles una carta a tus amigos que están en Ecuador describiéndoles tus primeras experiencias en EE.UU. Por ejemplo, ¿qué diferencias observas entre la escuela pública donde estudias en EE.UU. y tu escuela católica en el Ecuador? (18 puntos)

_____

_____

_____

_____

_____

_____

_____

_____

_____

_____

_____

_____

_____

_____

_____

_____

_____

_____

_____

_____

_____

_____

_____

I.   Gente del Mundo 21

Un escritor boliviano. Escucha lo que dicen dos estudiantes bolivianos de la Universidad de San Andrés, en La Paz, sobre la vida y obra de Alcides Arguedas, un importante escritor boliviano. Luego, escoge la respuesta que complete mejor cada oración. (6 puntos)

1. Alcides Arguedas nació en 1879 en _____ .

    a. La Paz   **b.** Santa Cruz   **c.** Sucre

2. Después de terminar la carrera de _____, representó a Bolivia como diplomático.

    a. medicina   **b.** letras   **c.** derecho

3. Su libro *Pueblo enfermo* (1909) incluye afirmaciones controvertidas sobre la supuesta inferioridad psíquica del cholo, o sea del _____ .

    a. mestizo   **b.** criollo   **c.** indígena

4. Su novela *Raza de bronce* (1919) es considerada como una de las mejores novelas _____ .

    a. de misterio
    b. de la vida urbana
    c. indigenistas

5. Su novela *Vida criolla* (1905) de tema urbano _____ .

    a. fue muy bien recibida por lectores y críticos
    b. no tuvo mucho éxito
    c. se publicó después de la muerte del autor

6. Arguedas dejó instrucciones que sus memorias no se publicaran hasta _____ años después de su muerte, la cual ocurrió en 1946.

    a. veinticinco   **b.** cincuenta   **c.** cien

II. Historia y cultura

El siguiente ejercicio comprueba si has comprendido la lectura **Del pasado al presente** y las **Ventanas al Mundo 21** que aparecen en la Lección 3 de esta unidad. Escoge la respuesta que complete mejor cada oración. (10 puntos)

1. _____ es uno de los dos países sudamericanos que no tiene salida al mar.

    a. Ecuador   **b.** El Perú   **c.** Bolivia

2. El principal grupo indígena que desciende de los antiguos habitantes de alrededor del lago Titicaca son _____ .

    a. los quechuas   **b.** los aymaras   **c.** los guaraníes

3. El monolito conocido como la Puerta del Sol se encuentra en las ruinas indígenas de _____ .

    a. Cuzco   **b.** Tiahuanaco   **c.** Potosí

4. El metal que constituyó la base de la riqueza de las minas de Potosí durante la colonia fue _____ .

    a. el oro   **b.** el estaño   **c.** la plata

5. El sistema de trabajo forzado que explotaba a los indígenas en la época colonial se llamaba _____ .

    a. mita   **b.** ayllu   **c.** inquisición

6. La República de Bolivia fue nombrada en honor del héroe Simón Bolívar, quien _____ .

    a. nació en el país
    b. fue responsable por su independencia
    c. descendía de una de las principales familias de la región

7. Bolivia tiene dos capitales: la sede de gobierno y el poder legislativo están en La Paz y el Tribunal Supremo se encuentra en _____ .

    a. Potosí   **b.** Santa Cruz   **c.** Sucre

8. Como resultado de la guerra del Pacífico (1879-1883), Bolivia se vio obligada a ceder la provincia de Atacama a _____ .

    a. el Perú   **b.** Chile   **c.** Argentina

9. La guerra del Chaco (1933-1935) con _____ causó enormes pérdidas humanas y territoriales para Bolivia.

    a. Paraguay   **b.** Argentina   **c.** Chile

10. La llamada Revolución Nacional Boliviana se inició bajo la dirección de Víctor Paz Estenssoro en _____ .

    a. 1942   **b.** 1952   **c.** 1962

III. Estructura en contexto

A **Esteban faltó a clase.** Un compañero que ha faltado a la clase de español te pregunta lo que han estudiado. Usa el presente perfecto de indicativo de los verbos que aparecen entre paréntesis al informarle. (5 puntos)

1. _____ _____ (hacer-nosotros) las tareas del capítulo 7.

2. El profesor nos _____ _____ (devolver) el último examen.

3. _____ _____ (escribir-nosotros) dos composiciones.

4. El profesor no nos _____ _____ (mostrar) el video todavía.

5. _____ _____ (leer-nosotros) la lectura de la página 360.

B **Un accidente.** Éstas son las reacciones de tus amigos cuando saben que un día de nieve has tenido un accidente frente a tu casa. Usa el presente perfecto de subjuntivo de los verbos que aparecen entre paréntesis. (5 puntos)

1. Lamento que _____ _____ (tener-tú) un accidente.

2. Es una lástima que _____ _____ (perder-tú)

3. el equilibrio y que _____ _____ _____ (caerse) frente a tu casa.

4. Siento que _____ _____ _____ (romperse-tú) la pierna.

5. Me alegro de que el accidente no _____ _____ (ser) más serio.

C **Regreso del extranjero.** Unos amigos hablan con un compañero que ha regresado de Ecuador, donde estudiaba con una beca. Para saber lo que cada uno le dice usa el presente perfecto de indicativo o de subjuntivo de los verbos que aparecen entre paréntesis, según convenga. (5 puntos)

1. Estoy muy contento de que _____ _____ (poder-tú) pasar un año en el extranjero.

2. Tú mamá me dice que _____ _____ (hacer-tú) muchos viajes por Sudamérica durante el año.

3. Es bueno que _____ _____ (recibir-tú) una beca.

4. Supongo que _____ _____ (ver) muchas cosas interesantes allá.

5. Dudo que _____ _____ _____ (aburrirte).

IV. Lectura

El estaño: el oro de Bolivia

Durante la época colonial, el territorio que es ahora Bolivia era el mayor productor de plata del mundo. Ciudades enteras fueron construidas para abastecer a las zonas mineras. En el siglo XX, el estaño *(tin)* sustituyó a la plata como el principal producto de exportación. Bolivia pasó a ser, durante un período, el principal productor occidental de este mineral. Simón Patiño (1860–1947), de ascendencia indígena, fue uno de los industriales que más se benefició con el auge del estaño. Nació en la pobreza, pero logró levantar un imperio mundial de la industria del estaño y llegó a ser uno de los hombres más ricos del mundo.

Hasta hace poco Bolivia todavía era un país monoexportador. En 1963, el 92 por ciento de sus exportaciones de 72.122.723 dólares eran de minerales, de los cuales un 80 por ciento eran del estaño. Los productos agrícolas formaban únicamente el 5,6 por ciento de estas exportaciones, y el petróleo otro 1,9 por ciento. Por otro lado, la exportación de productos manufacturados representaba un insignificante 0,08 por ciento. En las últimas tres décadas esta situación ha cambiado sustancialmente debido a un esfuerzo del gobierno para diversificar la economía del país. Aunque los minerales todavía constituyen una parte considerable de las exportaciones bolivianas, ya no son el factor económico decisivo.

El estaño boliviano. Indica si los siguientes comentarios son ciertos o falsos. (6 puntos)

C   F   **1.** En el siglo XX, el estaño sustituyó a la plata como el principal producto de exportación de Bolivia.

C   F   **2.** Simón Patiño (1860-1947), de ascendencia indígena, fue una de las personas que más se benefició con la prosperidad del estaño en Bolivia.

C   F   **3.** En 1928, Simón Patiño fue elegido presidente de Bolivia.

C   F   **4.** Según un estudio de 1963, la plata era el principal producto de exportación de Bolivia.

C   F   **5.** El mismo estudio demostró que los productos manufacturados representaban un porcentaje insignificante de las exportaciones bolivianas.

C   F   **6.** Aunque los minerales todavía constituyen una parte considerable de las exportaciones bolivianas, ya no son el factor económico decisivo.

V. Composición

La música andina. Escribe una composición sobre la música folklórica andina. Además de Bolivia, ¿qué otros países de Sudamérica comparten la tradición musical andina? Describe algunos de los instrumentos musicales usados por los que tocan esta música. ¿Por qué (no) te gusta esta música? ¿Qué semejanzas y diferencias hay entre la música andina y la música que más te gusta? Habla del ritmo, de los instrumentos, de los cantantes, de la letra, etc. (13 puntos)

_____

_____

_____

_____

_____

_____

_____

_____

_____

_____

_____

_____

_____

_____

_____

_____

_____

_____

_____

_____

_____

_____

I.   Gente del Mundo 21

Una cantante peruana. Escucha lo que dicen dos amigos peruanos después de asistir a un concierto de la cantante peruana Tania Libertad. Luego, escoge la respuesta que complete mejor cada oración. (10 puntos)

1. Los dos amigos asistieron a un concierto _____ de la famosa cantante peruana Tania Libertad.

    a. en vivo   **b.** pregrabado   **c.** televisado

2. Tania Libertad ha grabado más de _____ discos.

    a. 20   **b.** 30   **c.** 40

3. Tania Libertad es una de las mejores representantes de la música _____ .

    a. popular latinoamericana
    b. folklórica andina
    c. caribeña

4. Muchas de sus composiciones _____ .

    a. son bailables
    b. son para escuchar y pensar
    c. están basadas en el jazz de Nueva Orleans

5. Tania Libertad propone que a su música se le llame _____ .

    a. canto nuevo latinoamericano
    b. la nueva trova
    c. música popular latinoamericana

II. Historia y cultura

El siguiente ejercicio comprueba si has comprendido la lectura **Del pasado al presente** y las **Ventanas al Mundo 21** que aparecen en las Lecciones 1, 2 y 3 de esta unidad. Escoge la respuesta que complete mejor cada oración. (20 puntos)

1. De estos tres países, el que tiene la extensión territorial más grande es _____ .

   a. el Perú   **b.** Ecuador   **c.** Bolivia

2. El imperio incaico se llamaba "Tahuantinsuyo", palabra que significa en quechua _____ .

   a. "imperio del Sol"
   b. "las cuatro direcciones"
   c. "puma de la montaña"

3. En 1533 Francisco Pizarro condenó a muerte al inca _____ .

   a. Huáscar   **b.** Atahualpa   **c.** Huayna Cápac

4. La papa es una planta originaria de la región andina y su nombre proviene del _____ .

   a. quechua   **b.** quiché   **c.** guaraní

5. Las tumbas reales de Sipán descubiertas en 1987 se han identificado con la civilización _____ .

   a. incaica   **b.** mochica   **c.** aymara

6. El puerto principal de Ecuador es _____ .

   a. Guayaquil   **b.** Quito   **c.** El Callao

7. El _____ es la moneda de Ecuador.

   a. peso   **b.** sucre   **c.** bolívar

8. La ciudad minera que se fundó en 1546 cerca de grandes depósitos de plata y que en el siglo XVII llegó a ser la ciudad más grande de América es _____ .

   a. La Paz   **b.** Chuquisaca   **c.** Potosí

9. Como resultado de la Guerra del Pacífico (1879-1883), Bolivia cedió su única salida al mar _____ .

   a. a Chile   **b.** a Paraguay   **c.** al Perú

10. A partir de 1972, el producto que se ha convertido en una de las principales exportaciones de Ecuador es _____ .

    a. el café   **b.** el plátano   **c.** el petróleo

III. Estructura en contexto

A ¡**No falta mucho para las vacaciones!** Todos tus amigos piensan salir pronto de vacaciones. Para saber cuándo se van, completa las siguientes oraciones con el imperfecto de subjuntivo de los verbos que aparecen entre paréntesis. (5 puntos)

1. Margarita me dijo que saldría de vacaciones tan pronto como

   _____ (acabar) el semestre.

2. Felipe me dijo que saldría en cuanto _____ (dejar) de

   trabajar en julio.

3. Arturo dijo que saldría en cuanto _____ (hacer) un poco

   más de calor, quizás en julio.

4. Catalina dijo que no saldría de vacaciones hasta que sus hermanos

   _____ (volver) de Europa.

5. Raquel me dijo que no saldría de vacaciones antes que

   _____ (terminar) las clases de la escuela de verano.

B **En la oficina de turismo.** Un amigo cuenta las recomendaciones que le hizo un empleado de la oficina de turismo Dinatur en La Paz. Para saber lo que dice, completa las siguientes oraciones con el imperfecto de indicativo o de subjuntivo de los verbos que aparecen entre paréntesis, según convenga. (7 puntos)

1. El empleado me recomendó que no _____ (tratar) de verlo

   todo en un solo día.

2. El empleado me sugirió que _____ (visitar) los edificios

   coloniales de la calle Jaén.

3. El empleado dudaba que el Museo Nacional de Arte _____

   (estar) abierto los lunes.

4. El empleado pensaba que los mapas de su oficina _____

   (ser) adecuados.

5. El empleado me aconsejó que _____ (pasar) unas horas en

   el Museo Tiahuanaco.

6. El empleado dijo que él no _____ (conocer) el Mercado de Hechicería.

7. Él me recomendó que _____ (ir) a ver el Mercado Camacho.

C **¡A buscar regalos!** Di qué tipo de regalos buscabas para tu mamá para el Día de las Madres. Usa el imperfecto de indicativo o de subjuntivo de los verbos que aparecen entre paréntesis, según convenga. (6 puntos)

1. Quería algo que _____ (ser) muy especial.

2. Pero quería encontrar un regalo que no _____ (costar) una fortuna.

3. Deseaba algo que me _____ (gustar) a mí también.

4. No encontré ningún libro que le _____ (interesar) a mamá.

5. No vi ni un solo disco compacto que me _____ (parecer) apropiado.

6. Finalmente compré una cinta de video en el cual el cantante que más le gusta a mi mamá _____ (interpretar) unas bellas canciones.

D **¡Qué mala nota!** Completa las siguientes oraciones para expresar lo que le dices a un compañero que ha sacado una mala nota en el último examen de física. Usa el presente perfecto de indicativo o de subjuntivo de los verbos que aparecen entre paréntesis, según convenga. (6 puntos)

1. Me dicen que _____ _____ (recibir-tú) una mala nota en tu examen de física.

2. ¿Será posible que no _____ _____? (estudiar-tú)

3. Lamento que no _____ _____ (salir-tú) bien.

4. ¿Cuál _____ _____ (ser) el promedio de los resultados en tu clase?

5. Se dice que los profesores de física _____ _____ (suspender) a muchos estudiantes.

6. Es una lástima que nadie _____ _____ (organizar) una sesión de repaso antes del examen.

IV.   Lectura

Las ciudades se agigantan

Uno de los cambios más importantes en Latinoamérica desde la Segunda Guerra Mundial ha sido el enorme crecimiento demográfico del continente y la expansión de la población de las ciudades. Al comienzo del siglo XX, ninguna ciudad latinoamericana llegaba al millón de habitantes. Ahora es muy común que las ciudades capitales tengan por lo menos un millón de habitantes. Estas ciudades han absorbido los pueblos y las regiones cercanos para transformarse en grandes aglomeraciones urbanas. Por ejemplo, se calcula que en 1990 la aglomeración urbana de Lima, capital del Perú, tenía una población de seis millones y medio. Muchos de estos habitantes son campesinos provenientes del altiplano peruano que se mudan de las regiones rurales a la gran ciudad en busca de empleo y mejores condiciones de vida. Miles de ellos viven en los "pueblos nuevos" que han surgido alrededor de Lima y que en su mayoría carecen de servicios urbanos básicos como electricidad, alcantarillado y agua potable.

Lo que sucede en Lima se repite en otras ciudades, a veces en escala mayor. Por ejemplo, la aglomeración urbana de la Ciudad de México tiene ahora unos 20 millones de habitantes y ha llegado a ser la mayor ciudad del mundo. En relativamente pocas generaciones, los latinoamericanos han pasado de ser personas típicamente rurales a ser habitantes de zonas urbanas con todos los problemas que conlleva la vida en ciudades muy grandes, a menudo muy pobres, con insuficiencia de servicios para una población que aumenta muy rápidamente.

La explosión urbana ha ocasionado una transformación acelerada de la cultura latinoamericana. Los medios de comunicación de masa, principalmente la radio y la televisión, moldean ahora el gusto y el estilo de vida de grandes sectores de la población, los que en otros tiempos vivían según costumbres basadas en antiguas tradiciones regionales. La ironía es que mientras más radios, televisores y otros aparatos electrónicos de comunicación haya, se hace cada vez más difícil en los grandes centros urbanos la comunicación humana entre los miembros de la familia y la comunidad. Esta transformación de la comunicación representa un gigantesco cambio cultural para un pueblo cuya vida se

Las grandes ciudades. Indica si los siguientes comentarios son ciertos o falsos. (12 puntos)

C   F   **1.** Uno de los cambios más importantes desde la Segunda Guerra Mundial ha sido el enorme crecimiento de las ciudades latinoamericanas.

C   F   **2.** Al comienzo del siglo XX, diez ciudades latinoamericanas tenían por lo menos un millón de habitantes.

C   F   **3.** Se calcula que en 1990 la aglomeración urbana de Lima, la capital del Perú, tenía una población de seis millones y medio.

C   F   **4.** La mayoría de los habitantes de los "pueblos nuevos" que rodean Lima son gente de la clase alta que ya no quiere vivir en el centro de Lima.

C   F   **5.** Se calcula que en 1994 la aglomeración urbana de la Ciudad de México tenía casi 20 millones de habitantes y ahora se considera la ciudad más poblada del mundo.

C   F   **6.** Ahora la radio y la televisión moldean los gustos y el estilo de vida de las masas, los cuales en otros tiempos derivaban de antiguas tradiciones regionales.

V. Composición

El futuro. Imagínate que vives a mediados del siglo XXI. Tienes 65 años y te acabas de jubilar. Describe para tus nietos los principales cambios sociales, culturales y tecnológicos que has visto en tu vida. ¿Te imaginabas de joven cómo iba a ser tu vida? ¿Tenías una idea de los cambios que ibas a ver a través de los años? ¿Te habría gustado ver otros cambios que no se han realizado? (34 puntos)

I. Gente del Mundo 21

Una escritora uruguaya. Escucha lo que dice una profesora de literatura latinoamericana sobre la vida y obra de Cristina Peri Rossi, una importante escritora uruguaya. Luego, escoge la respuesta que complete mejor cada oración. (5 puntos)

1. Cristina Peri Rossi nació en 1941 en _____ .

    a. Buenos Aires   **b.** Montevideo   **c.** Barcelona

2. En la Universidad de Montevideo Cristina Peri Rossi sacó _____ .

    a. una licenciatura en letras
    b. una maestría en letras
    c. un doctorado en letras

3. Al terminar sus estudios universitarios, trabajó como maestra y _____ .

    a. consejera escolar
    b. periodista
    c. administradora universitaria

4. Además de haber escrito una docena de colecciones de cuentos y una novela, Cristina Peri Rossi ha escrito _____ .

    a. una docena de obras de teatro
    b. una autobiografía de sus experiencias en el exilio
    c. varios libros de poemas

5. Como muchos otros escritores y artistas uruguayos, Cristina Peri Rossi salió exiliada de Uruguay en 1972 y se fue a vivir a _____ .

    a. la Ciudad de México
    b. Madrid
    c. Barcelona

II. Historia y cultura

El siguiente ejercicio comprueba si has comprendido la lectura **Del pasado al presente** y las **Ventanas al Mundo 21** que aparecen en la Lección 1 de esta unidad. Escoge la respuesta que complete mejor cada oración. (10 puntos)

1. El país de habla española con la mayor extensión territorial es _____ .

    a. Chile   **b.** México   **c.** Argentina

2. El país de habla española más pequeño de Sudamérica es _____ .

    a. Ecuador   **b.** Uruguay   **c.** Chile

3. La región de grandes llanuras que es muy apropiada para la ganadería se conoce en Argentina como _____ .

    a. la Pampa   **b.** el Chaco   **c.** Tierra del Fuego

4. En 1777, la llamada Banda Oriental quedó incorporada _____ .

    a. al Virreinato del Río de la Plata
    b. al Brasil
    c. al Virreinato de Nueva Granada

5. Argentina y Brasil firmaron un acuerdo en 1828 que estipuló _____ .

    a. la repartición del territorio de Uruguay
    b. la independencia de Uruguay
    c. una declaración de guerra a Uruguay

6. El conflicto entre los unitarios y los federalistas se resolvió en 1880 con la creación del territorio federal de Buenos Aires cuando la capital de la provincia de Buenos Aires pasó a _____ .

    a. Buenos Aires, la capital actual
    b. La Plata, un territorio federal
    c. Mar del Plata, preferido por los federalistas

7. En la década de los años 20 se empezaba a describir Uruguay como _____ por su prosperidad y estabilidad institucional.

    a. el "granero del mundo"
    b. El Dorado
    c. la "Suiza de América"

8. Conocida como Evita, Eva Duarte de Perón, la segunda esposa del tres veces presidente Juan Domingo Perón _____ .

    a. era una persona apolítica que realmente no participó en la vida pública de Argentina
    b. fue una persona muy popular que tuvo mucho impacto en la vida política de su país
    c. no fue muy conocida en Argentina hasta que murió y se convirtió en un mito

9. En 1989, _____ fue elegido presidente de Argentina y su gobierno tuvo éxito en promover el desarrollo del país.

    a. Raúl Alfonsín

    b. Juan Domingo Perón

    c. Carlos Menem

10. A lo largo de los doce años de gobierno militar que empezó en 1972, se exiliaron más de _____ uruguayos por razones económicas o políticas.

    a. 30.000   **b.** 100.000   **c.** 300.000

III. Estructura en contexto

A **Despidiéndose de una amiga.** Describe lo que pasó anoche cuando fuiste al aeropuerto a despedirte de una amiga. Emplea el pluscuamperfecto de indicativo de los verbos que aparecen entre paréntesis. (5 puntos)

1. El avión todavía no _____ _____ (despegar).

2. Mi amiga ya _____ _____ (facturar) las maletas.

3. Cuando llegué al aeropuerto, muchos pasajeros ya _____ _____ (salir) hacia inmigración.

4. Mi amiga ya _____ _____ (cambiar) dinero en la oficina de cambios del aeropuerto.

5. Mi amiga todavía no _____ _____ _____ (despedirse) de todos sus familiares.

B **Una renuncia.** Acabas de renunciar a tu puesto. Explica bajo qué condiciones habrías seguido trabajando. Usa en tus respuestas el pluscuamperfecto de subjuntivo de los verbos que aparecen entre paréntesis. (5 puntos)

1. No habría renunciado si me _____ _____ (ofrecer-ellos) más dinero.

2. No habría renunciado si me _____ _____ (dar-ellos) un ascenso.

3. No habría renunciado si mi jefe _____ _____ (ser) más comprensivo.

4. No habría renunciado si la compañía me _____ _____ (aumentar) las prestaciones sociales.

5. No habría renunciado si la compañía _____ _____ (abrir) sucursales en Latinoamérica.

C **Pronósticos.** Di lo que imaginas que tus amigos habrán hecho dentro de unos cuantos años. Usa en tus respuestas el futuro perfecto de los verbos que aparecen entre paréntesis. (5 puntos)

1. Francisca ya _____ _____ (conseguir) un

   excelente trabajo.

2. Julián y Becky ya _____ _____

   _____ (casarse).

3. Enrique ya _____ _____ (montar) un negocio

   de importaciones.

4. Inés ya _____ _____ (escribir) una novela.

5. Gabriel ya _____ _____ (cambiar) de trabajo

   varias veces.

IV. Lectura

El tango: el alma de Argentina a la mano

El tango se originó a fines del siglo XIX en los arrabales o barrios pobres de Buenos Aires poblados por inmigrantes y campesinos. En un principio el tango era una expresión de la vida marginal de la gente pobre de la ciudad que cuestionaba las convenciones de la sociedad criolla representada por la burguesía. El ritmo y la estructura del tango tienen sus raíces en la milonga, un tipo de baile que había asimilado la influencia de la danza habanera cubana combinada con bailes festivos de herencia española.

Los primeros tangos rioplatenses con rasgos propios y diferenciados surgen en la década de 1880. Aunque inicialmente los tangos fueron condenados por la clase media y por la alta sociedad, hacia el año 1900 había logrado traspasar sus orígenes de clase hasta convertirse en el símbolo nacional argentino. El tango alcanzó enorme popularidad en Europa en los años anteriores a la Primera Guerra Mundial. Hacia 1920 aparece un nuevo estilo de tango llamado de la nueva guardia y apoyado por compañías disqueras argentinas y extranjeras como Columbia y Odeón. Éstas impulsan a figuras de cantantes como Carlos Gardel (1890-1935) que popularizan e internacionalizan este baile por Europa y las Américas.

Después de la Segunda Guerra Mundial se distinguen tres corrientes principales en el tango: la tradicional que sigue el viejo estilo; la internacional que sigue el estilo más comercial de la nueva guardia; y la crítica que utiliza esta forma popular para expresar un inconformismo social. Todos los estilos del tango son la máxima expresión de alma sensual, romántica, dramática y trágica del argentino que todos llevamos adentro.

El tango. Indica si los siguientes comentarios son ciertos o falsos.
(6 puntos)

C   F   **1.** El tango nació en los arrabales o barrios pobres de Buenos Aires a fines del siglo XIX.

C   F   **2.** Los primeros tangos rioplatenses con rasgos propios y diferenciados surgen en la década de 1880.

C   F   **3.** Este baile fue aceptado inmediatamente por los miembros de las clases media y alta.

C   F   **4.** El tango llega a Europa por primera vez después de la Segunda Guerra Mundial.

C   F   **5.** Las compañías disqueras ayudan al desarrollo de un nuevo estilo de tango llamado de la nueva guardia.

C   F   **6.** Después de la Segunda Guerra Mundial todos los estilos de tango se han combinado en uno solo.

V.   Composición

A favor del voto feminino. Imagínate que eres Evita Perón. Es el año
1947 y vas a pronunciar un importante discurso por la radio nacional
argentina explicando las razones por las cuales se debe conceder el
derecho de votar a las mujeres. Elabora por lo menos cinco argumentos
importantes para convencer a los radioescuchas. (14 puntos)

_____

_____

_____

_____

_____

_____

_____

_____

_____

_____

_____

_____

_____

_____

_____

_____

_____

_____

_____

_____

_____

_____

_____

_____

I. Gente del Mundo 21

Un escritor paraguayo. Escucha lo que dicen un profesor y sus estudiantes sobre Augusto Roa Bastos, uno de los escritores más famosos de Paraguay. Luego, escoge la respuesta que complete mejor cada oración. (5 puntos)

1. Augusto Roa Bastos nació en 1917 en _____ .

    a. Encarnación   **b.** Asunción   **c.** Concepción

2. La madre de Roa Bastos era guaraní y su padre brasileño de ascendencia _____ .

    a. española   **b.** alemana   **c.** francesa

3. Roa Bastos vivió exiliado en Buenos Aires por _____ .

    a. cinco años   **b.** diez años   **c.** veinte años

4. En 1970, Roa Bastos regresó a su país pero seis años después el gobierno paraguayo _____ .

    a. lo nombró embajador de Paraguay en Francia
    b. lo expulsó del país
    c. lo envió como agregado cultural a Madrid

5. Sus dos novelas principales, *Hijo de hombre* (1960) y *Yo, el supremo* (1974), tienen como tema central _____ .

    a. la historia de la violencia política en su país
    b. el largo período de paz y democracia que ha vivido Paraguay
    c. la historia de la colonización española de los pueblos guaraníes en el siglo XVII

II.   Historia y cultura

El siguiente ejercicio comprueba si has comprendido la lectura **Del pasado al presente** y las **Ventanas al Mundo 21** que aparecen en la Lección 2 de esta unidad. Escoge la respuesta que complete mejor cada oración. (10 puntos)

1. Además del español, la mayoría de la población paraguaya habla también _____ .

   a. el guaraní   **b.** el aymara   **c.** el quechua

2. La moneda nacional de Paraguay es _____ .

   a. el peso   **b.** el sol   **c.** el guaraní

3. Desde el siglo XVII, _____ llevaron a cabo una intensa labor de evangelización y colonización en el territorio que hoy es Paraguay.

   a. los franciscanos   **b.** los dominicanos   **c.** los jesuitas

4. La riqueza de las treinta y dos reducciones o misiones paraguayas se basaba en _____ .

   a. la explotación de ricas minas de oro
   b. una próspera producción agrícola y artesanal
   c. la venta de esclavos indígenas

5. El "Supremo" que controló el poder en Paraguay desde 1813 hasta su muerte en 1840 fue _____ .

   a. Carlos Antonio López
   b. José Gaspar Rodríguez de Francia
   c. Alfredo Stroessner

6. En la Guerra de la Triple Alianza (1860–1870), Paraguay luchó contra Argentina, Brasil y _____ .

   a. Bolivia   **b.** el Perú   **c.** Uruguay

7. La Guerra del Chaco entre 1932 y 1935 resultó de un conflicto fronterizo ente Paraguay y _____ .

   a. Argentina   **b.** Bolivia   **c.** Brasil

8. El general Alfredo Stroessner fue nombrado presidente en 1954 y siguió en el poder hasta que fue derrocado en _____ .

   a. 1969   **b.** 1979   **c.** 1989

9. La presa gigante de Itaipú está localizada en el río _____ .

   a. Paraná   **b.** Paraguay   **c.** Uruguay

10. La mayor parte de la electricidad producida por el proyecto Itaipú Binacional es consumida por usarios en _____ .

   a. Paraguay   **b.** Argentina   **c.** Brasil

III. Estructura en contexto

A **La vida en el pasado.** Tú y tus amigos hablan de cómo se imaginan que era la vida de los jóvenes de la generación anterior. Usa en tus respuestas el imperfecto de indicativo de los verbos que aparecen entre paréntesis. (5 puntos)

1. Creo que antes los jóvenes _____ (leer) más.

2. Pienso que antes los jóvenes _____ (tener) una vida

   menos complicada.

3. Dicen que antes los jóvenes _____ (ser) más serios.

4. Me imagino que antes los jóvenes _____ (escoger) carreras

   más tradicionales.

5. Sé que antes los jóvenes _____ (ver) menos televisión.

B **Novedades de tus amigos.** Tus amigos te cuentan cosas que les han ocurrido recientemente. Emplea en tus respuestas el pluscuamperfecto de indicativo de los verbos que aparecen entre paréntesis. (5 puntos)

1. Pablo me dijo que _____ _____ (conseguir)

   un trabajo más interesante.

2. Rosita me dijo que _____ _____ (resolver)

   los problemas que tenía con su novio.

3. Nora me contó que _____ _____ (hacer) un

   viaje maravilloso al río de la Plata.

4. Óscar me contó que _____ _____ (descubrir)

   un lugar formidable para acampar.

5. Teresa me dijo que _____ _____ (obtener)

   una beca para ir a estudiar a Argentina.

C ¿**Cómo será el futuro?** Los estudiantes expresan sus ideas acerca del futuro. Usa en tus respuestas el futuro de indicativo de los verbos que aparecen entre paréntesis para expresar sus conjeturas. (5 puntos)

1. Los medios de transporte _____ (ser) aún más rápidos.

2. La tierra _____ (convertirse) en un pueblo pequeñito.

3. _____ (Haber) menos guerras.

4. Más países _____ (tener) una forma democrática de gobierno.

5. Nosotros _____ (poder) viajar a otros planetas.

IV. Lectura

Una leyenda guaraní. Indica si los siguientes comentarios son ciertos o falsos. (6 puntos)

C F **1.** Esta leyenda guaraní habla de los primos Tupí y Guaraní.

C F **2.** El jefe llamado Guarán les había enseñado el uso de las plantas y a conversar con los animales.

C F **3.** Las familias de Tupí y de Guaraní vivieron muy felices hasta que una serpiente comenzó a decir mentiras.

C F **4.** Guarán les pidió a Tupí y Guaraní que vinieran a su casa.

C F **5.** Guaraní y su familia se quedaron donde estaban mientras que Tupí y su familia se fueron a las tierras fértiles del sur.

C F **6.** Muchos dicen que el término *guaraní* significa "hijo de Guarán".

V. Composición

Un cuento original. Escribe un cuento original que combine la realidad y la fantasía. Puede ser una versión abreviada de la composición que escribiste para la lección 2 de este capítulo o una nueva. Usa como ejemplo la leyenda guaraní de "Los hermanos Tupí y Guaraní", la cual explica a través de un mito el origen de los pueblos de la familia lingüística tupí-guaraní que pueblan Brasil y Paraguay. (14 puntos)

_____

_____

_____

_____

_____

_____

_____

_____

_____

_____

_____

_____

_____

_____

_____

_____

_____

_____

_____

_____

_____

_____

I.   Gente del Mundo 21

Un poeta chileno. Escucha lo que dicen dos estudiantes de la Universidad de Santiago de Chile sobre la vida y obra de Pablo Neruda, uno de los poetas más conocidos de la literatura latinoamericana. Luego, escoge la respuesta que complete mejor cada oración. (6 puntos)

1. José Luis es estudiante de _____ .

    a. filosofía   **b.** derecho   **c.** ingeniería

2. *Veinte poemas de amor y una canción desesperada*, el libro de poemas favorito de José Luis, fue publicado por Pablo Neruda cuando éste tenía _____ .

    a. sólo veinte años   **b.** treinta años   **c.** cuarenta años

3. El nombre original del poeta era Neftalí Ricardo Reyes Basoalto. Lo cambió en 1923 a Pablo Neruda, un nombre tomado de un _____ .

    a. héroe chileno   **b.** abuelo paterno   **c.** poeta checo

4. El libro *España en el corazón* (1937) refleja las experiencias del poeta en _____ .

    a. la Guerra Civil Española
    b. la Segunda Guerra Mundial
    c. una visita a la Plaza Mayor de Madrid

5. Pablo Neruda recibió el Premio Nóbel de Literatura en _____ .

    a. 1951   **b.** 1961   **c.** 1971

6. El poeta murió en 1973, _____ .

    a. pocos meses después de la elección de Salvador Allende
    b. trece días después de la caída del gobierno de su amigo Salvador Allende
    c. en el primer aniversario de la caída del gobierno de Salvador Allende

II. Historia y cultura

El siguiente ejercicio comprueba si has comprendido la lectura **Del pasado al presente** y la **Ventana al Mundo 21** que aparecen en la Lección 3 de esta unidad. Escoge la respuesta que complete mejor cada oración. (10 puntos)

1. El nombre de Chile proviene de la palabra aymara *chilli* que significa _____ .

   a. "frijoles con carne y chile"
   b. "confines de la Tierra"
   c. "país de montañas"

2. El primer europeo que vio las tierras chilenas y cuyo nombre lo lleva un estrecho en el extremo sur del continente fue _____ .

   a. Francisco Pizarro
   b. José de San Martín
   c. Fernando de Magallanes

3. El conquistador español que en 1540 inició la colonización de Chile y un año después fundó Santiago fue _____ .

   a. Diego de Almagro
   b. Fernando de Magallanes
   c. Pedro de Valdivia

4. Durante la época colonial, Chile _____ .

   a. fue una de las colonias más ricas del imperio español gracias a las minas de plata y oro
   b. fue una de las colonias más pobladas debido a las excelentes comunicaciones con el resto del imperio
   c. fue una colonia que permaneció aislada y pobre debido a la falta de metales preciosos y al aislamiento del terreno

5. El primer gobernante del Chile independiente fue _____ .

   a. José de San Martín
   b. Bernardo O'Higgins
   c. Antonio José de Sucre

6. De 1830 a 1973 la historia política de Chile se distingue de la de las otras naciones latinoamericanas por _____ .

   a. tener gobiernos democráticos interrumpidos únicamente por dos períodos de gobiernos militares
   b. nunca haber tenido un gobierno militar en su historia
   c. las constantes guerras civiles que devastaron al país

7. El país que resultó triunfador en la Guerra del Pacífico y que anexó territorios de sus países vecinos fue _____ .

    a. el Perú   **b.** Chile   **c.** Bolivia

8. Eduardo Frei Montalva ganó las elecciones presidenciales de 1964 como candidato _____ .

    a. de la coalición de izquierda Unidad Popular
    b. del Partido Radical
    c. del Partido Demócrata Cristiano

9. El presidente socialista Salvador Allende _____ .

    a. fue vencido en nuevas elecciones presidenciales
    b. fue derrocado por un violento golpe militar
    c. renunció a la presidencia después de protestas pacíficas

10. En 1990, el dictador Augusto Pinochet entregó el poder cuando el demócrata-cristiano Patricio Aylwin _____ .

    a. ganó las elecciones presidenciales
    b. dirigió una rebelión militar
    c. fue escogido por los jefes militares como sucesor de Pinochet

III. Estructura en contexto

A **Temores.** Di lo que temen tus amigos. Usa el presente de subjuntivo de los verbos que aparecen entre paréntesis. (5 puntos)

1. Rodrigo teme que no _____ (durar) la democracia en

   Centroamérica.

2. Elena teme que _____ (haber) más dictaduras en el Tercer

   Mundo.

3. Laura teme que _____ (destruirse) el medio ambiente.

4. Federico teme que no _____ (industrializarse) los países

   pobres.

5. Claudia teme que _____ (aparecer) nuevas enfermedades

   incurables.

B **Buenas noticias.** Les dices a tus amigos por qué estás contento(a). Usa el presente perfecto de subjuntivo de los verbos que aparecen entre paréntesis. (5 puntos)

1. Estoy contento(a) de que Carmen _____

   _____ (volver) de Chile.

2. Me alegro de que Marisol _____ _____

   (conseguir) un puesto en el periódico del pueblo.

3. Me parece maravilloso que Marcos_____

   _____ (decidir) estudiar informática.

4. Está bien que Silvia _____ _____

   _____ (matricularse) en la Universidad de Washington.

5. Estoy contento(a) de que los padres de Roberto _____

   _____ (abrir) un restaurante mexicano.

C   **Opiniones.** Tus amigos chilenos expresan diversas opiniones acerca de su país. Para saber lo que piensan, completa las siguientes oraciones con el presente de indicativo, el imperfecto de subjuntivo o el pluscuamperfecto de subjuntivo de los verbos que aparecen entre paréntesis, según convenga. (5 puntos)

1. La economía mejorará si _____ (subir) el precio del cobre.

2. Los bolivianos estarían muy contentos si Chile les _____ (devolver) el territorio que perdieron en la Guerra del Pacífico.

3. Sería mejor para el país si la educación superior _____ (costar) menos dinero.

4. Los agricultores estarán contentos si _____ (continuar) las exportaciones de fruta.

5. Muchos profesionales no habrían salido del país hace unos años si no _____ _____ (haber) tantos problemas políticos en Chile.

IV. Lectura

Con Gabriela Mistral
el Premio Nóbel de Literatura llegó a Hispanoamérica

Lucila Godoy Alcayaga nació en Vicuña, Chile, el 7 de abril de 1889. Pasó su infancia en las regiones desoladas del norte de Chile. A los quince años se hizo maestra de escuela. Como escritora adoptó el seudónimo literario de Gabriela Mistral en homenaje al escritor italiano Gabriele D'Annunzio y al francés Frédéric Mistral. Con este seudónimo la poeta se hizo famosa cuando en 1914 ganó un premio nacional con los "Sonetos de la Muerte", que aparecieron en su primer libro, *Desolación* (1922). En este libro, que muchos críticos consideran su mejor, se expresa el dolor, la tristeza y la soledad que siente la poeta por el suicidio de un novio de su juventud cuando ella sólo tenía diecisiete años. Su poesía nunca deja de tener un tono personal, muy íntimo. "El poeta hace casi siempre autobiografía", dijo la poeta al respecto.

En su segundo libro, *Ternura* (1924), la poeta canta al amor maternal a los niños y por los que más sufren en el mundo. Este sentimiento de solidaridad humana es el tema central de su tercer libro, *Tala* (1938). Gabriela Mistral abandonó la enseñanza para desempeñar cargos diplomáticos en Europa. En 1945 recibió el Premio Nóbel de Literatura, siendo la primera mujer hispana y la primera figura literaria de Hispanoamérica galardonada con este honor. Continuó viajando por todo el mundo y publicando libros de poemas consciente de su papel de escritora. "En la literatura de la lengua española", escribió Gabriela Mistral, "represento la reacción contra la forma purista del idioma metropolitano español". Murió en Hampstead, en el estado de Nueva Jersey, EE.UU., el 10 de enero de 1957.

Gabriela Mistral. Indica si los siguientes comentarios son ciertos o falsos. (6 puntos)

C   F   **1.** Lucila Godoy Alcayaga es el nombre verdadero de la famosa escritora chilena conocida por el seudónimo de Gabriela Mistral.

C   F   **2.** Gabriel Mistral es el nombre completo de un escritor francés.

C   F   **3.** Gabriela Mistral pasó su infancia en las regiones fértiles de bosques y lagos del sur de Chile.

C   F   **4.** En su primer libro, *Desolación* (1922), se expresa la tristeza que siente la poeta por el suicidio de un novio de su juventud cuando ella sólo tenía diecisiete años.

C   F   **5.** Gabriela Mistral fue profesora y después diplomática.

C   F   **6.** Gabriela Mistral fue la primera figura literaria hispanoamericana a quien se le otorgó el Premio Nóbel de Literatura.

V. Composición

Chile y sus vecinos. Escribe una composición sobre la geografía, la historia, la población y la cultura de Chile. ¿Qué diferencias y qué semejanzas existen entre Chile y Argentina? ¿Entre Chile y Bolivia? ¿Entre Chile y el Perú? ¿Cómo se pueden explicar estas diferencias y semejanzas? (13 puntos)

_____

_____

_____

_____

_____

_____

_____

_____

_____

_____

_____

_____

_____

_____

_____

_____

_____

_____

_____

_____

_____

_____

I.   Gente del Mundo 21

Un pintor chileno Escucha lo que dicen una madre y su hija después de asistir a la apertura de la exhibición de Roberto Matta, uno de los pintores chilenos más importantes del mundo del arte contemporáneo. Luego, escoge la respuesta que complete mejor cada oración. (5 puntos)

1. Al principio la mamá _____ dar su opinión sobre Roberto Matta.

    a. temía   **b.** insistía en   **c.** quería

2. La mamá dice que en uno de los cuadros de Roberto Matta _____ .

    a. hay figuras demasiado realistas
    b. hay muchísimos colores
    c. predominan los colores blanco, negro y gris

3. Roberto Matta es un artista chileno de ascendencia _____ .

    a. francesa   **b.** vasca   **c.** alemana

4. Roberto Matta terminó la carrera de _____ .

    a. artes plásticas
    b. ingeniería
    c. arquitectura

5. La hija piensa que su mamá supera a sus profesores de crítica de arte de la universidad _____ .

    a. porque su mamá pinta muy bien
    b. porque pudo expresar en pocas palabras el tema central del arte surrealista de Roberto Matta
    c. porque conoce la obra de Roberto Matta desde hace muchos años

II. Historia y cultura

El siguiente ejercicio comprueba si has comprendido la lectura **Del pasado al presente** y las **Ventanas al Mundo 21** que aparecen en las Lecciones 1, 2 y 3 de esta unidad. Escoge la respuesta que complete mejor cada oración. (10 puntos)

1. De estos tres países, el que tiene la extensión territorial más grande es _____ .

   a. Chile   **b.** Paraguay   **c.** Uruguay

2. El Río de la Plata se llamó así _____ .

   a. por los barcos españoles cargados de plata que se hundieron en sus aguas
   b. por la leyenda indígena de una sierra hecha de plata
   c. porque había mucha plata en sus orillas

3. _____ nunca fue parte del Virreinato del Río de la Plata.

   a. Uruguay   **b.** Paraguay   **c.** Chile

4. La actividad principal del gaucho era _____ .

   a. la agricultura   **b.** la ganadería   **c.** la minería

5. El territorio de _____ también fue conocido como la Banda Oriental.

   a. Paraguay   **b.** Uruguay   **c.** Chile

6. La primera Copa Mundial se celebró en Montevideo, Uruguay, en 1930 y el país que ganó la copa fue _____ .

   a. Brasil   **b.** Argentina   **c.** Uruguay

7. _____ fue elegida primero vicepresidenta y luego fue nombrada presidenta de Argentina.

   a. Eva Duarte de Perón, conocida como Evita Perón,
   b. María Estela Martínez, conocida como Isabel Perón,
   c. Cristina Peri Rossi, conocida también por sus escritos,

8. La presa de Itaipú, el proyecto hidroeléctrico más grande del mundo, fue construido por Brasil y _____ .

   a. Argentina   **b.** Paraguay   **c.** Uruguay

9. Salvador Allende fue derrocado en un golpe militar en _____ .

   a. 1973   **b.** 1983   **c.** 1993

10. Desde finales de la década de los años 80, ha habido un gran aumento en las exportaciones de _____ .

    a. ganado de Argentina
    b. frutas de Chile
    c. instrumentos musicales de Paraguay

III. Estructura en contexto

A   **¡Atraso!** Llegaste a clase, pero tarde. Usa el pluscuamperfecto de indicativo de los verbos que aparecen entre paréntesis para decir lo que encontraste. (10 puntos)

1. Cuando entré, la clase ya _____ _____ (empezar).

2. Los estudiantes ya _____ _____ _____ (sentarse).

3. El profesor ya _____ _____ (devolver) la última prueba.

4. El profesor ya _____ _____ (corregir) la tarea para ese día.

5. Algunos estudiantes ya _____ _____ (hacer) el ejercicio A.

B   **Predicciones.** Tus amigos argentinos expresan su opinión acerca de lo que habrá ocurrido antes de que termine la década. Usa el futuro perfecto de los verbos que aparecen entre paréntesis en tus respuestas. (10 puntos)

1. Antes de que termine la década, nuestra moneda se _____ _____ (devaluar) muchas veces.

2. Los problemas de límites con los países vecinos se _____ _____ (resolver).

3. Nuestro gobierno _____ _____ (renegociar) la deuda externa varias veces.

4. _____ _____ (comenzar) la explotación de la Antártida.

5. La población de la parte sur del país _____ _____ (aumentar) considerablemente.

C **Mala semana para la familia.** Ha habido varios problemas esta semana en la familia de Jorge. Para saber cómo le han afectado, completa las siguientes oraciones con el presente perfecto de subjuntivo o el pluscuamperfecto de subjuntivo de los verbos que aparecen entre paréntesis, según convenga. (10 puntos)

1. Me entristeció que mi hermanito _____

   _____ (perder) su partido de fútbol el sábado pasado.

2. Es una lástima que la abuelita _____ _____

   _____ (caerse).

3. Lamenté mucho que un conductor irresponsable _____

   _____ (chocar) con el coche de papá.

4. Sentí mucho que mi hermana _____ _____

   (tener) que guardar cama por la gripe.

5. Siento que mis primos no _____ _____

   (poder) venir a vernos.

D **Problemas en el trabajo.** Hablas de diversas posibilidades relacionadas con tu trabajo. Usa el presente de indicativo, el imperfecto de subjuntivo o el pluscuamperfecto de subjuntivo de los verbos que aparecen entre paréntesis, según convenga. (10 puntos)

1. Creo que me habrían ascendido si yo _____

   _____ (saber) otro idioma.

2. Estaría contento si el jefe me _____ (dar) menos trabajo.

3. Cambiaré de trabajo si el jefe _____ (enfadarse) conmigo

   otra vez.

4. Yo ahorraría más si _____ (ganar) más.

5. Yo aceptaré trabajar horas extraordinarias si se _____

   (presentar) la oportunidad.

IV. Lectura

Tierra del Fuego: la punta de Sudamérica

El territorio insular que forma la punta sur de Sudamérica se llama la Tierra del Fuego y se divide entre Chile y Argentina. Fue descubierta en 1520 por el navegante Fernando de Magallanes durante el primer viaje alrededor del mundo. Magallanes fue quien le dio su denominación actual al territorio después de observar desde lejos la multitud de hogueras que hacían los indígenas para calentarse en la noche. El clima es frío. La isla Grande de la Tierra del Fuego tiene una forma triangular, y está separada del continente por el estrecho de Magallanes.

Aunque en 1881 se fijaron las fronteras entre Chile y Argentina, la posesión de algunas islas del canal del Beagle quedó en duda. La cuestión territorial llevó a reclamaciones estrepitosas y amenazas de acción militar. El conflicto entre Chile y Argentina se resolvió mediante el arbitraje del papa Juan Pablo II en 1987.

En la parte argentina de la Tierra del Fuego se encuentra el puerto pesquero de Ushuaia, la ciudad más cercana al Polo sur. La población más al sur de Chile es otro puerto pesquero llamado Porvenir. Así, desde la parte más al sur del continente americano, el Cabo de Hornos, el nombre de Porvenir resume las aspiraciones de millones de hombres, mujeres y niños que habitan el continente llamado América.

Tierra del Fuego. Indica si los siguientes comentarios son ciertos o falsos. (12 puntos)

C   F   1. La Tierra del Fuego se divide entre Chile y Argentina.

C   F   2. Fernando de Magallanes descubrió este territorio en 1520 mientras realizaba el primer viaje alrededor del mundo.

C   F   3. Magallanes nombró este territorio la Tierra del Fuego porque hacía un calor terrible allí.

C   F   4. El conflicto entre Chile y Argentina se resolvió mediante el arbitraje del papa Juan Pablo II en 1987.

C   F   5. No hay pueblos en la parte argentina de la Tierra del Fuego.

C   F   6. El puerto más al sur de Chile se llama Porvenir y en su nombre se resumen las aspiraciones de millones de americanos.

V. Composición

Un viaje cultural. Imagínate que acabas de ganarte un fabuloso premio que te ofrece un viaje para dos personas con todos los gastos pagados a cualquier parte del mundo hispano. Para confirmar tu premio tienes que mandarles a los organizadores un itinerario detallado de tu viaje con explicaciones de las razones por las cuales quieres visitar cada uno de los lugares que apuntas. Habla de la importancia cultural que tienen los lugares de tu itinerario. (33 puntos)

_____

_____

_____

_____

_____

_____

_____

_____

_____

_____

_____

_____

_____

_____

_____

_____

_____

_____

_____

I. Comprensión oral

La integración del mundo hispano. Escucha lo que dicen dos comentaristas de radio sobre la realidad política del mundo hispano. Luego, escoge la respuesta que complete mejor cada oración. (18 puntos-3 c.u.)

1. La reunión anual de gobernantes hispanos que se celebró en Cartagena de Indias, Colombia, en junio de 1994, fue _____.

   a. la primera Cumbre Iberoamericana
   b. la segunda Cumbre Iberoamericana
   c. la cuarta Cumbre Iberoamericana

2. En esta Cumbre Iberoamericana, la mayoría de los gobernantes presentes _____.

   a. llegaron al poder a través de golpes de estado
   b. representaban sistemas democráticos
   c. eran dictadores militares

3. Todos los líderes que participaron en la Cumbre eran de países democráticos salvo _____.

   a. Fidel Castro de Cuba
   b. Carlos Saúl Menem de Argentina
   c. Violeta Barrios de Chamorro de Nicaragua

4. A la Cumbre Iberoamericana fueron invitados los gobernantes de _____.

   a. Latinoamérica exclusivamente
   b. los dieciocho países independientes latinoamericanos de lengua española más Brasil, España y Portugal
   c. veintiuna naciones del mundo hispano incluyendo EE.UU.

5. En la actualidad los gobiernos democráticos de Latinoamérica, España y Portugal están muy interesados en _____.

   a. comprar armamentos y mantener grandes ejércitos
   b. ampliar intercambios comerciales y relaciones multilaterales a todos los niveles
   c. formar una alianza militar

6. Los países que forman el llamado Grupo de los Tres y que firmaron un tratado de libre comercio como parte de la Cumbre Iberoamericana de 1994 son _____.

   a. Ecuador, el Perú y Bolivia
   b. Argentina, Uruguay y Paraguay
   c. México, Colombia y Venezuela

II. Gente del Mundo 21

Comprueba si recuerdas a la **Gente del Mundo 21** que has conocido en las Unidades 5 a 8. Escoge la respuesta que complete mejor cada oración. (30 puntos-2 c.u.)

1. Manlio Argueta es un escritor salvadoreño que comenzó su carrera literaria como poeta pero que se ha distinguido como _____ .

   a. dramaturgo   **b.** guionista   **c.** novelista

2. Violeta Barrios de Chamorro llegó a la presidencia de Nicaragua en 1990 _____ .

   a. como resultado de un golpe militar
   b. después de una invasión con la ayuda de EE.UU.
   c. después de triunfar en elecciones libres

3. La moneda nacional de Honduras debe su nombre _____ .

   a. al cacique Lempira
   b. a las ruinas de Copán
   c. a San Pedro Sula

4. El político costarricense que fue galardonado en 1987 con el Premio Nóbel de la Paz por su activa participación en las negociaciones por la paz en Centroamérica es _____ .

   a. José Figueres Ferrer
   b. Óscar Arias Sánchez
   c. Rafael Angel Calderón Fournier

5. El escritor colombiano galardonado con el Premio Nóbel de Literatura en 1982, conocido sobre todo por su novela *Cien años de soledad* (1967), es _____ .

   a. José Eustasio Rivera
   b. Gabriel García Márquez
   c. Fernando Botero

6. El militar y político panameño que, después de un largo proceso de negociación, firmó con el presidente estadounidense Jimmy Carter dos tratados que estipulan la cesión *(transfer)* del canal a Panamá en el año 2000 fue _____ .

   a. Guillermo Endara
   b. Manuel Antonio Noriega
   c. Omar Torrijos

7. Teresa de la Parra (1890-1936) es una novelista venezolana reconocida como una de las primeras novelistas hispanoamericanas _____ .

   a. que reflejan la perspectiva de la mujer
   b. que publican en Europa
   c. cuyas obras han sido traducidas a más de veinte lenguas

8. El escritor peruano que habla de sus experiencias personales en una escuela militar en su primera novela *La ciudad y los perros* (1963), es _____ .

   a. Mario Vargas Llosa
   b. Mario Benedetti
   c. Julio Cortázar

9. El novelista y dramaturgo ecuatoriano cuya obra más conocida, *Huasipungo* (1934), describe la explotación de los indígenas ecuatorianos, es _____ .

   a. Gustavo Vásconez   **b.** Enrique Tábara   **c.** Jorge Icaza

10. El escritor boliviano cuya novela *Raza de bronce* (1919) se considera una de las mejores novelas indigenistas es _____ .

   a. Augusto Roa Bastos
   b. Alcides Arguedas
   c. Pablo Neruda

11. El escritor argentino que desde 1955 quedó ciego y se vio obligado a dictar sus textos, y cuyas obras incluyen antologías de cuentos como *Ficciones* (1944), *El Aleph* (1949) y *El hacedor* (1960), es _____ .

   a. Julio Cortázar
   b. Ernesto Sábato
   c. Jorge Luis Borges

12. La escritora uruguaya _____ , que se exilió de su país en 1972, es autora de varias colecciones de cuentos, varios libros de poemas y una novela.

   a. Cristina Peri Rossi
   b. Gabriela Mistral
   c. María Luisa Bombal

13. El novelista paraguayo _____ fue galardonado con el prestigioso Premio Miguel de Cervantes. Sus dos novelas principales, *Hijo de hombre* (1960) y *Yo, el supremo* (1974), tienen como tema central la historia de la violencia política de su país.

   a. Jorge Luis Borges
   b. Jorge Icaza
   c. Augusto Roa Bastos

14. La escritora chilena cuya primera novela, *La casa de los espíritus* (1982), ha servido de base para una nueva película, es _____.

    a. María Luisa Bombal
    b. Isabel Allende
    c. Gabriela Mistral

15. El libertador de América que casi alcanzó su sueño de unidad latinoamericana con la creación de la Gran Colombia es _____.

    a. José de San Martín
    b. Simón Bolívar
    c. Antonio José de Sucre

III. Del pasado al presente

Comprueba si recuerdas lo que has leído en las secciones **Del pasado al presente** de las Unidades 5 a 8. Escoge la respuesta que complete mejor cada oración. (48 puntos-2 c.u.)

1. En 1969 se produjo lo que se conoce como "La guerra del fútbol" entre El Salvador y _____ .

   a. Nicaragua   **b.** Honduras   **c.** Guatemala

2. El Frente Farabundo Martí para la Liberación Nacional (FMLN) es _____ en El Salvador.

   a. una organización política de derecha
   b. una organización política de izquierda
   c. una organización del Partido Demócrata Cristiano

3. Una de las grandes compañías norteamericanas que a principios del siglo XX llegó a controlar grandes territorios hondureños para la producción y exportación masivas de plátanos es _____ .

   a. *Associated Grocers Inc.*
   b. *Standard Oil*
   c. *United Fruit Company*

4. La familia que dominó Nicaragua de 1937 a 1979 son _____ .

   a. los Somoza   **b.** los Chamorro   **c.** los Cáceres

5. César Augusto Sandino fue líder de un grupo de guerrilleros nicaragüenses que lucharon _____ .

   a. contra las tropas españolas
   b. contra las tropas de EE.UU.
   c. contra las tropas inglesas

6. De acuerdo con la constitución de 1949, Costa Rica es el único país de Latinoamérica que no tiene _____ .

   a. ejército
   b. elecciones
   c. corte suprema

7. El país de habla hispana que tiene un alto nivel de vida con los índices más bajos de analfabetismo y de mortalidad infantil es _____ .

   a. Chile   **b.** México   **c.** Costa Rica

8. En 1914, Estados Unidos compensó a Colombia por el reconocimiento de la independencia de Panamá con _____ .

   a. la entrega de todos los cafetales colombianos que estaban en manos de compañías estadounidenses
   b. el permiso de comerciar libremente con EE.UU. por 25 años
   c. 25 millones de dólares

9. La muerte de Pablo Escobar, líder fugitivo del cartel de Medellín que murió en un encuentro violento con la policía colombiana en 1993, muestra _____ .

   a. la resistencia de los grupos guerrilleros a pactar con el gobierno colombiano
   b. la determinación del gobierno colombiano de controlar a los narcotraficantes
   c. que los jefes del narcotráfico han acelerado los ataques terroristas en determinadas ciudades

10. Según la constitución panameña de 1904, cuando se reanudó la construcción del canal, Panamá se convirtió en un protectorado de EE.UU., pues el gobierno estadounidense tenía el derecho de _____ .

    a. intervenir en Panamá con fuerzas armadas de EE.UU. en caso de desórdenes públicos
    b. usar, controlar y operar a perpetuidad la Zona del Canal
    c. representar al gobierno panameño en cualquier asunto relacionado con la Zona del Canal

11. El presidente panameño que fue derrocado en 1989 por una intervención militar estadounidense es _____ .

    a. Manuel Antonio Noriega
    b. Guillermo Endara
    c. Omar Torrijos

12. En 1976 el presidente Carlos Andrés Pérez nacionalizó la industria petrolera, lo que proporcionó a Venezuela _____ .

    a. una dictadura militar que duró diez años
    b. una rebelión popular dirigida por oficiales jóvenes del ejército
    c. mayores ingresos para impulsar el desarrollo industrial

13. Dos culturas que florecieron en el Perú miles de años antes de la conquista española son _____ .

    a. la olmeca y la tolteca
    b. la chavín y la mochica
    c. la aymara y la guaraní

14. A finales de la década de 1980, el Perú se vio cada vez más agobiado por la crisis económica, la penetración del narcotráfico y _____ .

    a. el terrorismo del grupo guerrillero Sendero Luminoso
    b. conflictos con Chile sobre los depósitos minerales del desierto de Atacama
    c. la escasez de guano en las islas de la costa del Pacífico

15. Las islas Galápagos son parte del territorio de _____ .

    a. Perú   **b.** Ecuador   **c.** Argentina

16. Actualmente la actividad más importante para la economía de Ecuador es la exportación de _____ .

    a. plátanos   **b.** café   **c.** petróleo

17. Bolivia tiene dos capitales: la sede de gobierno y el poder legislativo están en La Paz y la capital constitucional y el Tribunal Supremo están en _____ .

    a. Potosí   **b.** Santa Cruz   **c.** Sucre

18. La llamada Revolución Nacional Boliviana que se inició en 1952 bajo la dirección de Víctor Paz Estenssoro, impuso una ambiciosa reforma agraria que benefició a _____ .

    a. los campesinos indígenas
    b. las compañías de petróleo
    c. la clase más acomodada

19. Durante los nueve años que _____ estuvo en el poder en Argentina, su segunda esposa participó activamente en el gobierno a favor de los "descamisados".

    a. Raúl Alfonsín
    b. Juan Domingo Perón
    c. Carlos Saúl Menem

20. En 1976 se inició en Argentina un período de siete años de gobiernos militares durante el cual la deuda externa aumentó colosalmente, el aparato productivo del país se arruinó y _____ .

    a. miles de personas "desaparecieron"
    b. se legalizó el divorcio
    c. se impuso la enseñanza religiosa obligatoria

21. Durante la década de 1920, Uruguay conoció un período de gran prosperidad económica y estabilidad institucional que le valió el nombre _____ .

    a. del "granero del mundo"
    b. de "El Dorado"
    c. de la "Suiza de América"

22. En 1972 empezó un período de doce años de gobierno militar que devastó la economía de Uruguay. Por razones económicas o políticas se exiliaron más de _____ uruguayos.

    a. 30.000   **b.** 100.000   **c.** 300.000

23. Desde el siglo XVII, los jesuitas llevaron a cabo una intensa labor de evangelización y colonización en el territorio que hoy es Paraguay. Establecieron treinta y dos reducciones o misiones cuyo éxito económico se basaba en _____ .

    a. la explotación de ricas minas de oro
    b. una próspera producción agrícola y artesanal
    c. la venta de esclavos indígenas

24. En 1973, el presidente socialista Salvador Allende _____ .

    a. fue vencido en nuevas elecciones presidenciales
    b. fue derrocado por un violento golpe militar
    c. renunció a la presidencia después de protestas pacíficas

IV. Estructura

 Un estudiante de intercambio. Le escribes a una amiga acerca de tus experiencias en Caracas, donde pasas unos meses como estudiante de intercambio. Termina tu carta escogiendo la forma correcta de los verbos que aparecen entre paréntesis. (24 puntos-2 c.u.)

Estoy en Caracas, que es una ciudad mucho más grande de lo que me

(1. imaginar). (2. Llegar) hace como una semana y no creo que me

(3. acostumbrar) todavía a la vida en una gran urbe. Me molesta que

(4. haber) tantos vehículos en las calles. A veces pienso que (5. haber) más

vehículos que gente en esta ciudad. Estaría más contenta si (6. haber)

menos problemas de tráfico. Por otra parte, me encanta el metro, tan

moderno, rápido y cómodo. A menos que las líneas no (7. ir) adonde yo

necesito ir, es el medio de transporte que (8. emplear) todo el tiempo.

Todavía no (9. tener) la oportunidad de visitar muchos museos; hasta

ahora sólo (10. visitar) la Casa Natal del Libertador, Simón Bolívar.

Estoy muy a gusto con la familia con la cual vivo. Hay dos hijos de mi

edad con quienes hasta ahora me (11. entender) muy bien. Sin embargo,

tengo problemas con la inmensa mayoría de los caraqueños porque hablan

muy rápido. Si (12. hablar) más lentamente, entendería mucho más. Mi

familia me dice que pronto me convertiré en un verdadero caraqueño.

B **Un viaje al pasado.** Pedro habla de sus impresiones de una visita que acaba de hacer al pueblo donde pasó su infancia. Para saber lo que dice, escoge la forma correcta de los verbos que aparecen entre paréntesis. (30 puntos-2 c.u.)

Hasta hace poco yo nunca (1. regresar) al pueblo donde viví cuando

(2. ser) niño. Hace dos semanas, sin embargo, (3. tener) la oportunidad de

pasar un par de días en el pueblo de mi infancia. Aunque pensaba que

(4. haber) muchos cambios, no estaba totalmente preparado para los

muchos cambios que (5. ver). Me paseé por la plaza que cruzaba cada

domingo cuando (6. ir) a la iglesia. Encontré que no (7. cambiar) mucho; la

iglesia también (8. estar) casi igual. Busqué una heladería que había en

una de las calles que bordean la plaza, pero no la (9. encontrar). Me dio

mucha pena que esa heladería (10. desaparecer). Si hubiera encontrado la

heladería, (11. pedir) un helado de chocolate como solía hacer en mi niñez.

No (12. reconocer) tampoco mi vieja escuela. El edificio de un piso que yo

recordaba se (13. convertir) en un edificio moderno de varios pisos.

Cuando traté de encontrar la casa donde yo (14. vivir), lo único que vi

fueron edificios de apartamentos. Me sentí feliz de regresar al pueblo de

mi niñez, pero me entristeció un poco también que una parte de mi pasado

(15. desaparecer).

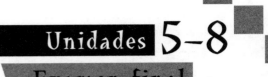

V. Composición (optativa)

Una beca interamericana. ¡Felicitaciones! Has recibido una beca de una organización interamericana de intercambio cultural. La beca es para que realices un viaje de un mes con todos los gastos pagados por cualquier país sudamericano de lengua española. Escribe una composición sobre la historia y la cultura del país que quieres visitar. ¿Qué es lo que más te interesa? Explica. (50 puntos)

_____

_____

_____

_____

_____

_____

_____

_____

_____

_____

_____

_____

_____

_____

_____

_____

_____

_____

_____

_____

_____

Unidades 5–8

Examen final

I. Comprensión oral

Indica la respuesta correcta. (18 puntos-3 c.u.)

1.	a	b	c		**4.**	a	b	c
2.	a	b	c		**5.**	a	b	c
3.	a	b	c		**6.**	a	b	c

II. Gente del Mundo 21

Indica la respuesta correcta. (30 puntos-2 c.u.)

1.	a	b	c		**9.**	a	b	c
2.	a	b	c		**10.**	a	b	c
3.	a	b	c		**11.**	a	b	c
4.	a	b	c		**12.**	a	b	c
5.	a	b	c		**13.**	a	b	c
6.	a	b	c		**14.**	a	b	c
7.	a	b	c		**15.**	a	b	c
8.	a	b	c					

III. Del pasado al presente

Indica la respuesta correcta. (48 puntos-2 c.u.)

1.	a	b	c		**13.**	a	b	c
2.	a	b	c		**14.**	a	b	c
3.	a	b	c		**15.**	a	b	c
4.	a	b	c		**16.**	a	b	c
5.	a	b	c		**17.**	a	b	c
6.	a	b	c		**18.**	a	b	c
7.	a	b	c		**19.**	a	b	c
8.	a	b	c		**20.**	a	b	c
9.	a	b	c		**21.**	a	b	c
10.	a	b	c		**22.**	a	b	c
11.	a	b	c		**23.**	a	b	c
12.	a	b	c		**24.**	a	b	c

IV. Estructura

A **Un estudiante de intercambio.** Indica la respuesta correcta.
(24 puntos-2 c.u.)

1. había imaginado   haya imaginado
2. Llegué   Llegaba
3. he acostumbrado   haya acostumbrado
4. hay   haya
5. hay   haya
6. hay   hubiera
7. van   vayan
8. empleo   emplee
9. tuve   he tenido
10. visité   he visitado
11. entendí   he entendido
12. hablan   hablaran

B **Un viaje al pasado.** Indica la respuesta correcta. (30 puntos-2 c.u.)

1. he regresado   había regresado
2. fui   era
3. tuve   tenía
4. hay   habría
5. vi   vea
6. fue   iba
7. cambiaba   había cambiado
8. estuvo   estaba
9. encontré   encontraba
10. había desaparecido   hubiera desaparecido
11. haya pedido   habría pedido
12. reconocí   reconocía
13. convertía   había convertido
14. vivía   viviría
15. había desaparecido   hubiera desaparecid

Text Credits

Efforts have been made to locate the copyright holders; D.C. Heath will provide appropriate acknowledgment in all future reprints.

Unit 1

"Miguel Algarín, fundador del Nuyorican Poets' Café" is adapted from "El café de los poetas neoyorquinos," by Elizabeth Hanly, with permission from *La familia de hoy,* Knoxville, Tennessee.

"El mambo: un ritmo cubano que puso a bailar al mundo" is adapted from "Qué rico el mambo," by Gustavo Pérez Firmat, with permission from *Más,* Univisión Publications, New York, NY.

"La comida caribeña" is adapted from "Comida caribeña," by Simón Romero, with permission from *Más,* Univisión Publications, New York, NY.

Unit 2

"Cristina de Hoyos: genial bailadora de flamenco" is adapted from "Pellizcos flamencos," by Miguel Angel González, with permission from *Cambio 16,* Madrid, Spain.

"Autobiografía de Pedro Almodóvar" is excerpted from the article by the same name with permission from *El País,* Madrid, Spain.

"España: el vértigo de Cenicienta" is adapted from the article by the same name by Rosa Montero, with permission from *El País,* Madrid, Spain.

Unit 3

"Descifrando la escritura maya" is adapted from "¿Quién puede entender esto?" with permission from *Muy,* Madrid, Spain.

"Introducción a los testimonios" is excerpted from *La noche de Tlatelolco* by Elena Poniatowska, with permission from Ediciones Era, Mexico.

Unit 5

"Salmo 1" is reprinted from *Antología* by Ernesto Cardenal, with permission from Carlos Lohlé, Buenos Aires, Argentina.

Unit 7

"Gerardo: un ecuatoriano en EE.UU." is adapted from "Gerardo: rap sin fronteras" with permission from *Tú internacional,* Mexico.